Bischof/Bischof

Führen – Mit Ihren Mitarbeitern zum Erfolg

Führen – Mit Ihren Mitarbeitern zum Erfolg

Die besten Instrumente und Techniken

von
Dr. Klaus Bischof
und
Anita Bischof,
Rheinfelden

wrs Verlag

Die Deutsche Bibliothek – CIP-Einheitsaufnahme

Bischof, Klaus:
Führen : mit Ihren Mitarbeitern zum Erfolg ; die besten Instrumente und Techniken / von Klaus Bischof und Anita Bischof. – Planegg : WRS, Verl. Wirtschaft, Recht und Steuern, 1998
(WRS-Betriebs-Praxis)
ISBN 3-8092-1286-5

ISBN 3-8092-1286-5 Bestell-Nr. 06.06

Postanschrift: Postfach 13 63, 82142 Planegg
Hausanschrift: Fraunhoferstraße 5, 82152 Planegg
Tel. (0 89) 8 95 17-0, Telefax (0 89) 8 95 17-2 50

Lektorat: Dr. Harald Henzler, Ilonka Kunow

Satz: Satzstudio »Süd-West« GmbH, 82166 Gräfelfing
Cartoons: Baaske Cartoons München, M. Amann, K. H. Brecheis, B. Holm, O. Huber, T. Küstenmacher, E. Liebermann, K. Meint, Piem, K. Puth, H. Wildi
Umschlaggestaltung: Agentur Buttgereit & Heidenreich, 45721 Haltern am See
Druck: Schoder Druck GmbH, 86368 Gersthofen

Inhaltsverzeichnis

Vorwort

Lean management, Fusionen, große Führungsspannen verlangen von Ihnen, daß Sie erfolgreich sind. Es gilt für Sie heute, daß Sie in der gleichen Zeit mehr leisten müssen.

Der Inhalt des Buches ist die Verdichtung unserer Erfahrungen als Führungskräfte und den Erfahrungen aus vielen Führungsworkshops und persönlichem Coaching von Führungskräften. Wir arbeiten für Sie in diesem Buch die brennenden Probleme von Führungskräften auf. Wie Sie z. B. gute Mitarbeiter gewinnen; wie Sie und Ihre Mitarbeiter als Team arbeiten, wie Sie Ihre Mitarbeiter fordern und fördern, wie Sie selbst effektiver und effizienter werden. Sie erhalten in diesem Buch viele Führungsinstrumente, Vorgehensweisen, Hilfsmittel, Checklisten, die Sie sofort in Ihrer Praxis umsetzen können. Unsere Kunden und Seminarteilnehmer nutzen diese heute bereits und leisten dadurch mehr – und fühlen sich privat und beruflich dadurch wohler.

Wir bedanken uns an dieser Stelle bei unseren Seminarteilnehmern und Kunden, die mit ihrer Erfahrung und Offenheit uns halfen, dieses Buch aus der Praxis für die Praxis zu schreiben.

Wir wünschen Ihnen mit diesem Buch weniger Streß und viel Erfolg und Freude!

Ihre

Dr. Klaus Bischof und
Anita Bischof

Einleitung

Erfolgreiche Mitarbeiter arbeiten gerne mit erfolgreichen Vorgesetzten zusammen, denn sie wissen, daß ein erfolgreicher Chef seinen Mitarbeitern gute Perspektiven bieten kann. Erfolgreiche Mitarbeiter ermöglichen einer Führungskraft und dem Unternehmen, seinen Erfolgskurs beizubehalten.

Erfolgreich sein bedeutet, daß Routineaufgaben störungsfrei und ohne viel Aufwand ablaufen und strategische Aufgaben angegangen und gelöst werden. Mißerfolg hingegen zeichnet sich dadurch aus, daß das Tagesgeschäft mehr als 100 % der Arbeitszeit beansprucht und strategische Aufgaben nicht wahrgenommen werden.

Größere Führungsspanne, schlanke Führungsstrukturen, bereichs- und unternehmensübergreifende Projektarbeit, Führung von Fachspezialisten, Fusionierung von Unternehmen, Führung von Mitarbeitern an mehreren Standorten usw. sind die Rahmenbedingungen für die Führungskräfte von heute.

Von Ihnen wird heute verlangt, daß das Tagesgeschäft problemlos läuft und Sie sich mit strategischen Aufgaben auseinandersetzen. Ein Vorgesetzter muß seine Mitarbeiter einschätzen können, sie fordern und fördern, gute Mitarbeiter einstellen und schlechten kündigen, mit seinen Mitarbeitern und den Vorgesetzten im Team arbeiten, selber effizient und effektiv arbeiten. In unzähligen Führungsseminaren und -workshops wurden uns diese Themen von Führungskräften als ihre brennenden Probleme genannt.

Diese Anforderungen und die oben genannten Rahmenbedingungen sind die Grundlagen für dieses Buch. Wir zeigen Ihnen, wie Sie auf kritische Führungssituationen mit mehr Erfolg und weniger Streß und Frust reagieren können.

Führen bedeutet, selber Verantwortung zu übernehmen und aktiv zu handeln, z. B. durch:

- Ziele formulieren und umsetzen,
- eine Diagnose stellen,
- die passenden Verhaltensweisen zur Erreichung des Zieles wählen.

Ohne Führung funktioniert sehr wenig. Die Qualität des Führens bestimmt die Qualität der Ergebnisse. Es gibt aber nicht den guten und den schlechten Führungsstil, sondern es gibt lediglich einen in der Situation passenden oder einen in der Situation unpassenden Führungsstil. Wichtig ist, daß wir uns an bestimmten Führungsstilen orientieren. Auf dieser Basis funktioniert das Aktive Führen (vgl. „Aktiv führen" von Dr. Klaus Bischof, WRS-Verlag). Beim Aktiv-Führen unterscheiden wir zwischen vier Führungsstilen: dem anweisenden, dem überzeugenden, dem beratenden und dem delegierenden Führungsstil. Diese vier Führungsstile sind die Antwort auf verschiedene Selbständigkeitsgrade des Mitarbeiters. Ein Mitarbeiter, der eine Aufgabe zum ersten Mal macht, muß anders geführt werden als einer, der diese Aufgabe routiniert bearbeiten kann. Wichtig ist, daß der zur Selbständigkeit des Mitarbeiters passende Führungsstil gewählt wird. Dies wiederum setzt eine sorgfältige Einschätzung des Mitarbeiters voraus.

Ich kann meine Mitarbeiter einschätzen und führe sie sicher

Für Sie als Führungskraft ist es wichtig, daß Sie die Stärken und Fähigkeiten Ihrer Mitarbeiter kennen. Es gibt viele Situationen, in denen Sie innerhalb von kurzer Zeit entscheiden müssen, wer für die anstehende Aufgabe der richtige Mitarbeiter ist. Außerdem ist es bedeutend zu wissen, welche Ihrer Mitarbeiter mit Ihnen in die gleiche Richtung arbeiten und welche Mitarbeiter Ihnen Schwierigkeiten machen. Eine klare Einschätzung über Ihr Mitarbeiter-Portfolio ist Voraussetzung für ein erfolgsorientiertes Führungsverhalten. Schaffen Sie sich ein klares Bild darüber, welche Mitarbeiter Ihre Schlüsselpersonen und welche Ihre Problemfälle sind.

Ich will erfolgreiche Mitarbeiter

Wenn Sie diese Einschätzung gemacht haben, können Sie gezielt Ihre Mitarbeiter fordern und fördern, d. h. bisher nicht genutzte Fähigkeiten entwickeln.

Ich will konstruktive und motivierte Mitarbeiter

Außerdem ist es dann möglich, Ihre Problemfälle aktiv zu bearbeiten. Scheuen Sie sich nicht, mit Ihren schwierigen Mitarbeitern konkrete Zielvereinbarungen zu treffen. Manche Mängel machen solange Schwierigkeiten, bis sie endgültig behoben sind. So ist es auch mit schwierigen Mitarbeitern; im Extremfall kann dies auch eine Kündigung bedeuten.

Ich möchte die besten Mitarbeiter einstellen

Zu Ihren Führungsaufgaben gehört es, neue Mitarbeiter einzustellen. Ursachen dafür können neue Aufgaben, natürliche Fluktuation oder etwas anderes sein. Bei einer Neueinstellung haben Sie die Chance, „neues“ Know-how, sowohl fachliches als auch soziales, in Ihr Team zu holen. Diese Chance gilt es zu nutzen. Außerdem ist eine Neueinstellung immer mit einer beträchtlichen Investition verbunden. Es fallen in der Regel Kosten für die Personalbeschaffung und für die Einarbeitung des neuen Mitarbeiters an. Falls sich eine Neueinstellung als Flop herausstellt, werden Sie doppelt bestraft: Sie müssen sich noch einmal um die Einstellung kümmern, und Sie haben mindestens die doppelten Kosten. Es lohnt sich also auf jeden Fall, daß Sie sich um die Einstellung eines neuen Mitarbeiters sehr sorgfältig kümmern.

Ich muß einem Mitarbeiter kündigen

Restrukturierung, Zusammenschluß mit einem anderen Unternehmen, mangelnde Leistung etc. können Ursachen für eine Kündigung sein. Wir zeigen Ihnen, wie Sie in einem solchen Fall vorgehen und welche Instrumente Sie nutzen können, damit Sie auch diese heikle Aufgabe erfolgreich meistern.

Ich und meine Mitarbeiter arbeiten im Team

Eine einzelne Person hat physische Grenzen. Wenn die Grenze erreicht ist, muß der Betreffende Aufgaben abgeben. Nun ist die Arbeit im Team gefragt. Vertrauen und einander Helfen sind die wichtigsten Komponenten erfolgreicher Teamarbeit. Es geht nicht darum, daß eine einzelne Person groß herauskommt und dominant ist, sondern darum, ein gemeinsames Ziel zu erreichen, indem jedes Teammitglied seinen Beitrag einbringt. Wenn diese Atmosphäre vorhanden ist, kann ein Team wesentlich höhere Leistung bringen als jedes einzelne Mitglied.

Ein Team muß geführt werden. Eine Person ist dafür verantwortlich, daß das Team entwickelt wird. Dieser Entwicklungsprozeß läuft in vier Phasen ab:

- Forming
- Storming
- Norming
- Performing

Während dieses Prozesses werden die Stärken der Teammitglieder geklärt, Zuständigkeiten und Kompetenzen aufgeteilt und der Informationsaustausch festgelegt.

Ich will effizient und effektiv arbeiten

Nur wer sich selber organisieren kann, kann andere organisieren. Sie als Vorgesetzter müssen **effizient** und **effektiv** arbeiten. Effizient bedeutet die Dinge richtig tun – die Organisation optimieren. Effektiv arbeiten bedeutet die richtigen Dinge tun; effektiv sein heißt sich an strategischen Zielen ausrichten. Wer effektiv arbeitet, widmet sich Schlüsselaufgaben. Dabei ist zu beachten, daß nicht zu viele Aufgaben parallel bearbeitet werden. Denn dann kann es passieren, daß zu viele Dinge nicht gut gemacht werden.

Mein Chef und ich sind füreinander berechenbar

Am Ende eines Jahres steht die Frage im Raum: Hat auch mein Mitarbeiter effektiv und effizient gearbeitet? Diese Frage stellt sich auch Ihr Chef bezüglich seiner Mitarbeiter. Es ist deshalb wichtig, daß Sie mit Ihrem Chef Ihre langfristige und mittelfristige Planung abstimmen. Wenn Sie das nicht tun, werden Sie zum Spielball von Zufall und fremden Interessen. Sie fallen dann nicht durch besondere Leistungen auf. Die Konsequenzen in Zeiten von Lean-Management wollen wir hier nicht konkreter ausmalen. Es ist deshalb wichtig, daß Sie auf mittel- und langfristige Anforderungen vorbereitet sind.

Wie haben wir die angesprochenen Führungsaufgaben für Sie aufbereitet?

Zu jeder Führungsaufgabe zeigen wir Ihnen:

- weshalb es wichtig ist, daß Sie sich um diese Aufgabe kümmern,
- wie Sie die jeweilige Aufgabe lösen können,
- welche Vorgehensweisen, Hilfsmittel und Instrumente Sie bei dieser Aufgabe anwenden können,

- ein echtes Beispiel aus der Praxis, das Ihnen die Anwendung der verschiedenen Instrumente veranschaulicht.

Sie können entweder die Kapitel einzeln bearbeiten, z. B. dann, wenn Sie eine bestimmte Aufgabe zu bearbeiten haben, oder das Buch als Ganzes chronologisch durchgehen.

Ich kann meine Mitarbeiter einschätzen und führe sie sicher

1

In diesem Kapitel werden wir Ihnen als Führungskraft die Anwendung des „Aktiven Führens" und die Nutzung von Führungsinstrumenten verdeutlichen. Dazu greifen wir auf reale Führungsbeispiele, erprobte Vorgehensweisen und Erfahrungen aus der Praxis zurück.

Mitarbeiter aktiv führen bedeutet, daß Sie den Selbständigkeitsgrad Ihres Mitarbeiters bezüglich bestimmter Aufgaben einschätzen und Ihr Führungsverhalten in bestimmten Führungssituationen zielbestimmt einsetzen.

Vorurteile sind schwieriger zu knacken als Atomkerne. (Albert Einstein)

- Die Einschätzung der Selbständigkeit Ihrer Mitarbeiter liefert Ihnen die Grundlage für die Verteilung von Aufgaben innerhalb Ihres Teams. Sie erfahren, wer Ihre Schlüsselpersonen und wer Ihre kritischen Fälle sind.
- Auf diesen Resultaten basiert die Mitarbeiterentwicklung, denn Sie können einen Mitarbeiter nur dann effektiv fördern, wenn Sie ihn dort abholen, wo er heute steht. Das heißt, Sie nutzen das Ergebnis dieser Einschätzung im täglichen operativen Geschäft ebenso wie mittelfristig, z. B. im Rahmen einer speziellen Mitarbeiterentwicklung.

1.1 Warum ist es wichtig, daß Sie Ihre Mitarbeiter einschätzen?

Beispiel

Willi Blum ist ein zuverlässiger Mitarbeiter von Anna Sonne. Er hat eine Informatikausbildung gemacht und sich in den vergangenen zehn Jahren permanent weiterentwickelt. Genau solche Mitarbeiter möchte Anna Sonne nicht durch Führungsfehler ihrerseits frustrieren oder sogar verlieren. Ihre Absicht ist es, sich ein genaues Bild über die Qualitäten von ihren Mitarbeitern zu machen und sie angepaßt zu führen. Sie will Unterstützung geben wo nötig und lange Leine lassen wo möglich. Dazu muß sie wissen, wer bei welchen Aufgaben welche Selbständigkeit an den Tag legt. Nur so kann sie in ihrem Führungsverhalten ihre Mitarbeiter motivieren und Frust vermeiden.

Wenn Sie einen Mitarbeiter führen wollen, müssen Sie wissen, ob er seine Funktion, seine Arbeit oder seinen Job erfüllen wird. Sie müssen einschätzen können, wie selbständig er eine bestimmte Aufgabe angeht.

Wenn Sie ihn nicht oder falsch einschätzen, gehen Sie einerseits das Risiko ein, daß die Aufgabe nicht erfüllt wird; anderseits laufen Sie Gefahr, daß Sie selber mehr Aufwand haben oder am Ende die Aufgabe gar selber erledigen müssen.

1.2 Wie schätze ich meine Mitarbeiter besser ein und führe sie sicher?

Sie stellen fest, ob ein Mitarbeiter die Aufgabe erfüllen wird, wenn zwei Aspekte beim Mitarbeiter gegeben sind:

- Der **Aufgabenteil** sagt uns, ob ein Mitarbeiter sowohl fachlich als auch von seinem Wissen her in der Lage ist, die Aufgabe zu erfüllen, und diese auch tatsächlich macht. Wenn ein Mitarbeiter eine Aufgabe kann, sind ihm die sogenannten W-Fragen klar: Er weiß die Antworten zu „wer, wie, wann, wo, mit wem, bis wann, wie lange“ in bezug auf die Erledigung der Aufgabe.
- Der **emotionale Teil** sagt uns, ob ein Mitarbeiter auch in seinem Verhalten zeigt, daß er die Aufgabe tatsächlich macht. Er zeigt Willen, Sicherheit und Einsicht zur Erledigung der Aufgabe. Wenn ein Mitarbeiter eine Aufgabe nicht machen will, unsicher ist und mangelnde Einsicht hat, blockiert er.

Selbständigkeit

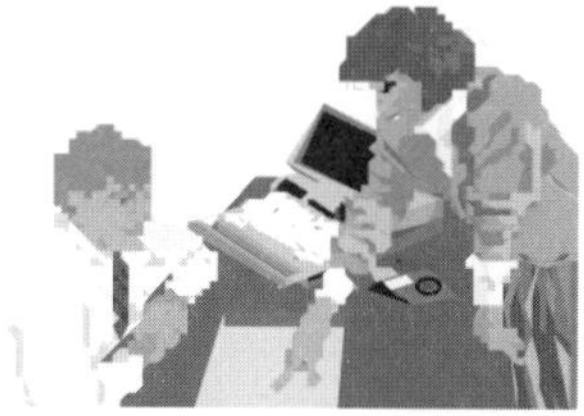

SACHE	kann	oder	kann nicht
EMOTION	will	oder	will nicht
	hat Einsicht	oder	hat keine
	ist sicher	oder	unsicher

Abb. 1: *Die Selbständigkeit bestimmt sich durch die Kombination des Könnens und der emotionalen Bereitschaft gegenüber einer bestimmten Aufgabe.*

Aus den harten und weichen Teilen „Können und Willen/Sicherheit/Einsicht“ ergeben sich durch die verschiedenen Kombinationen vier verschiedene Selbständigkeitsgrade (siehe Abbildung 2).

Selbständigkeitsgrade (S)				
	S1	S2	S3	S4
beobachten	kann nicht keine Einsicht will nicht ist unsicher	kann nicht zeigt Einsicht will ist zuversichtlich	kann keine Einsicht will nicht ist verunsichert	kann zeigt Einsicht will ist sich sicher
niedrig → hoch				

Abb. 2: *Die Selbständigkeitsgrade signalisieren Können und Leistungsbereitschaft Ihrer Mitarbeiter.*

Meine möglichen Führungsstile

Unterschiedliche Grade in der Selbständigkeit fordern von Ihnen unterschiedliches Verhalten. Der Selbständigkeitsgrad des Mitarbeiters in einer speziellen Aufgabe bestimmt den Führungsstil, mit dem Sie ihn in dieser Situation führen. Einen Mitarbeiter, der z. B. zum ersten Mal ein Kundenberatungsgespräch führen soll, werden Sie sehr ausführlich mit klaren Instruktionen auf diese Aufgabe vorbereiten. Einem Mitarbeiter, der z. B. schon sehr lange und sehr gut Kundenberatung macht, müssen Sie nur den Namen eines Interessenten weitergeben, und er weiß dann selber, was zu tun ist.

In Analogie zum „sachlichen“ und „emotionalen“ Verhalten des Mitarbeiters müssen Sie als Führungskraft versuchen, mit sachlichen und emotionalen Verhaltensweisen zu reagieren: mit angemessenem Aufgaben- und mit angemessenem Beziehungsverhalten. Diese beiden Verhaltensweisen treten immer parallel auf; d. h., Führungsverhalten ist immer eine Kombination von

- mehr oder weniger Aufgabenverhalten und
- mehr oder weniger Beziehungsverhalten.

Aufgabenverhalten: Sie bringen auf der Sachebene Informationen, Hilfen, Fakten oder Fertigkeiten zur Erfüllung einer ganz bestimmten Aufgabe ein.

Beziehungsverhalten: Sie zeigen auf der emotionalen Ebene Verhaltensweisen, die dem Mitarbeiter Einsicht oder Sicherheit vermitteln. Sie geben durch Ihr Verhalten Vertrauenssignale und erreichen somit, daß der Mitarbeiter seine Aufgabe erledigt und die gesteckten Ziele erreicht.

Die Tabelle stellt die verschiedenen Verhaltensweisen im Detail dar.

Aufgabenverhalten ist	Beziehungsverhalten ist
eine bestimmte Aufgabe eindeutig definieren, strukturieren und den Weg zur Erfüllung zeigen:	alles zur Beziehungs- und Vertrauenspflege und dem Auflösen der emotionalen Blocks tun:
Klar sagen, • was, • wer mit wem, • wie, • wieviel, • wo, • womit, • ab wann, • bis wann etwas zu tun ist; • Ziele setzen und kontrollieren; • informieren.	• passives Zuhören (nichts sagen); • aktives Zuhören (z. B. nachfragen, wie es geht, bestätigen, nicken, ansehen, auf Fragen eingehen); • Vorschläge des Mitarbeiters annehmen und diskutieren; • ehrliche Rückmeldung geben; • auf private Themen, z. B. Hobbys eingehen; • Anerkennung und Kritik offen aussprechen; • mit Körpersprache Offenheit zeigen; • aufrechte und zugewandte Körperhaltung; • Hände zeigen und nicht im Verborgenen „herum machen“.
Ein-Weg-Kommunikation: Sie vermitteln nur die zur Erfüllung der Aufgabe wichtigen Informationen.	Zwei-Weg-Kommunikation: Sie fördern aktiv die Beziehung zum Mitarbeiter und unternehmen alles, um den Mitarbeiter zu verstehen. Sie tun nichts anderes nebenher.

Abb. 3: *Aufgaben- und Beziehungsverhalten bilden Ihre Reaktionsmöglichkeiten gegenüber dem Mitarbeiter.*

Aufgaben- und Beziehungsverhalten sind voneinander unabhängig. Ihr klar sichtbares Führungsverhalten und Ihr Führungsstil sind immer eine Kombination von jeweils viel oder wenig Aufgaben- und Beziehungsverhalten. Aus diesen Kombinationen ergeben sich vier verschiedene Führungsstile. Dabei hängt die Wahl Ihres Führungsstiles von der Selbständigkeit des Mitarbeiters ab. Wenn der Mitarbeiter z. B. in einer spezifischen Aufgabe S1 aufweist, bedeutet das, daß der optimale Führungsstil F1 ist.

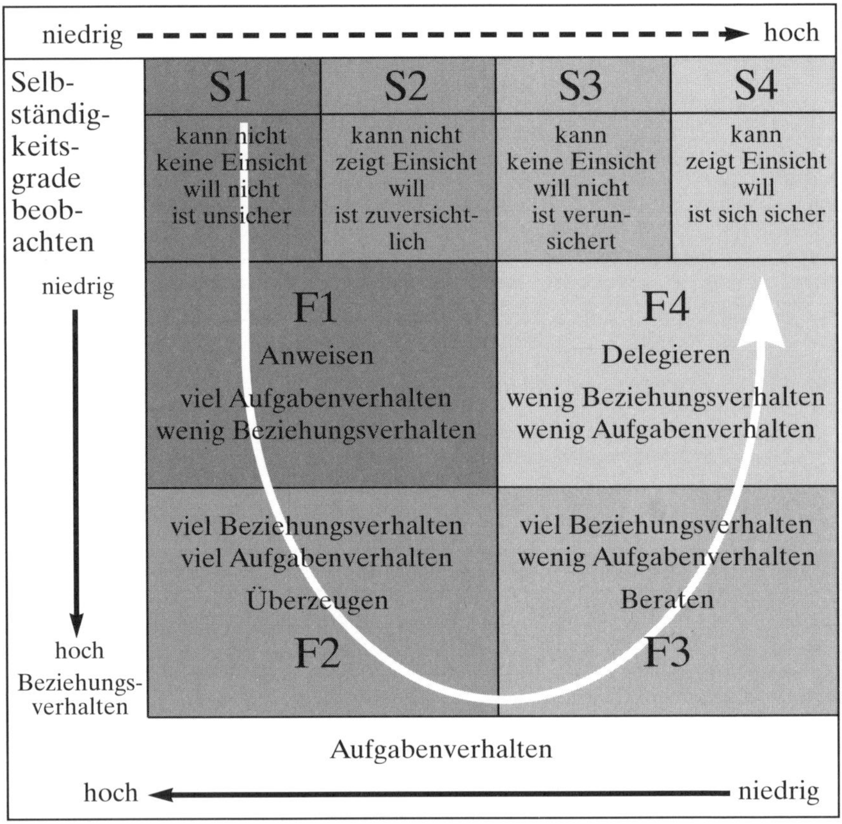

Abb. 4: *Vom Selbständigkeitsgrad Ihres Mitarbeiters hängt ab, mit welchem Führungsstil Sie reagieren. (Diese Übersicht finden Sie auch auf dem Umschlag.)*

Meine Führungsstile im einzelnen

F1 – Anweisen: Ich führe straff!

Beispiel

Sie stellen im Außendienst einen neuen, branchenfremden Mitarbeiter ein. Er hat gerade sein Studium als Maschinenbauingenieur (Dipl. Ing.) beendet und wurde nicht von Ihnen eingestellt. Ursprünglich war ihm eine bestimmte Funktion versprochen worden, die aber aus organisatorischen Gründen gestrichen wurde. Er weiß vom Vertrieb und Verkauf nichts, und Sie bemerken beim Erstkontakt, daß er eigentlich auch nicht verkaufen will und unsicher ist. Die Funktion im Verkauf ist aber im Moment seine einzige Möglichkeit. Sie beschließen, daß er als erstes Termine am Telefon vereinbaren soll. Dieser Mitarbeiter weist sicher eine sehr niedrige Selbständigkeit **S1** in der spezifischen Aufgabe „Terminvereinbarungen am Telefon" auf.

Sie als Führungskraft müssen gegenüber diesem Mitarbeiter die Aufgabe eindeutig definieren und strukturieren. Das bedeutet klar sagen, wie z. B. die spezifische Aufgabe **Terminvereinbarung** angepackt wird. Wenn Sie mit diesem Mitarbeiter lange diskutieren und seine grundsätzlichen Vorbehalte gegenüber telefonischer Terminvereinbarung aufnehmen, werden Sie nicht viel Freude an ihm haben. Er wird Gründe anführen, warum und wieso das nicht geht. Es kommen wahrscheinlich mehr Probleme und Einwände und keine vernünftigen Vorschläge, wie etwas zu machen ist.

Hier hilft nur die klassische **Instruktionsmethode**:

erklären ⇨ vormachen ⇨ selber machen lassen ⇨ kontrollieren und korrigieren

Abb. 5: *Mit der Instruktionsmethode wird der Mitarbeiter in einer bestimmten Aufgabe entwickelt.*

Es werden klare Ziele gesetzt, die sehr straff kontrolliert werden. Das bedeutet „Ein-Weg-Kommunikation" in Reinkultur: In dieser Situation interessiert Sie nicht die Beziehung zum Mitarbeiter. Es gilt vielmehr, die

Situation unter Kontrolle zu bekommen und dem Mitarbeiter alle Informationen zu vermitteln, die er braucht, um ohne Probleme am Telefon Termine zu vereinbaren. Sie erläutern ihm z. B. den Gesprächsleitfaden und nicht mehr. F1-Führung heißt, im Beziehungsverhalten nur kurz auf Sachfragen einzugehen.

Wenig Beziehungsverhalten heißt jedoch nicht, daß es Ihnen völlig egal sein soll, was der Mitarbeiter empfindet. Dosierte Unterstützung, die auf wachsende Sicherheit oder größere Bereitwilligkeit zielt, ist hier angebracht. Lange Dialoge erübrigen sich allerdings. Sie reden dabei weit über 80 % der Zeit. Über Sinn und Wert der Aufgabe wird keinesfalls diskutiert. Vorschläge werden zu diesem Zeitpunkt ebenfalls nicht entgegengenommen bzw. diskutiert. Zur erfolgreichen Aufgabenerfüllung genügt es, reine Information zu vermitteln. Dabei ist die Information so zu bündeln, daß sie verstanden werden kann.

Im F1 zu führen heißt auch, manchmal im Befehlston zu agieren, damit der Mitarbeiter klar weiß, was er machen muß. Somit gehen Sie kein Risiko ein. Das Ziel ist einzig und allein die Erfüllung der Aufgabe mit dem geringsten Risiko. F1 bedeutet, wie ein Feuerwehrkommandant im Notfall, ein Chirurg in der Operation und ein Lehrmeister am Lehranfang zu handeln; Sie gehen mit dem Mitarbeiter wie ein EDV-Instrukteur mit neuen Benutzern oder ein Bergführer mit absolut neuen Bergsteigern um.

Nur die klare Führung F1 wird dem oben angeführten unerfahrenen Mitarbeiter Sicherheit vermitteln. Er lernt, daß erfolgreicher Verkauf nicht nur eine Frage der Intuition, sondern des Fachwissens, der Disziplin, des Fleißes und der Hartnäckigkeit ist.

Fazit

Aktiv im F1 führen heißt quasi eine Befehlsausgabe machen.
F1-Führung heißt primär im Aufgabenverhalten agieren.

F2 – Überzeugen: Ich gebe Sicherheit und Information!

Beispiel

Wenn der Mitarbeiter gleich Einsicht in die neue Aufgabe hat, den Willen mitzutun äußert und Zuversicht zeigt, daß er die Aufgabe lernen wird, bedeutet das eine höhere Selbständigkeit **S2**.

Der Mitarbeiter kann diese Aufgabe immer noch nicht. Er muß deshalb noch straff geführt werden. Gleichzeitig verlangen aber seine größere Bereitschaft und Zuversicht, mehr auf ihn einzugehen. Es wird wichtig, seine Bereitwilligkeit zu nutzen.

Aktiv im F2 führen heißt, die Aufgabe nach wie vor klar zu definieren und zu strukturieren. Der Mitarbeiter muß die Wichtigkeit und Richtigkeit erkennen. F2-Führung heißt viel Struktur zeigen: Sie als Vorgesetzter sagen klipp und klar, wo es langgeht: was er genau machen muß; wer und mit wem, wie, wieviel, ab wann und bis wann die Aufgaben zu erledigen sind. Allerdings wird in weiteren Gesprächen dem „Warum" der Aufgabe besondere Beachtung geschenkt. F2 bedeutet, daß der Mensch akzeptiert ist und seine Fragen zur Sache kritisch beantwortet werden.

Die Kontrolle wird jetzt weniger streng, der Situation eher angepaßt gehandhabt. Praktizieren Sie keine reine Ein-Weg-Kommunikation mehr, sondern fördern Sie aktiv die Beziehung zu Ihrem Mitarbeiter.

F2 „Aktiv" Führen auf der Beziehungsebene heißt, das Vertrauen zu pflegen: etwas Zuhören und gegebenenfalls Rückmeldung geben; Anerkennung und Kritik offen aussprechen, insbesondere, wie gut z. B. die Aufgabe „Terminvereinbarung am Telefon" wahrgenommen wurde. Äußern Sie konkrete Einschätzungen der Leistung. Geben Sie konkrete Hinweise, was an welcher Stelle wie hätte gesagt werden können. Diese klare Darstellung hilft dem Mitarbeiter, zu erkennen, wie die Aufgabe gemacht wird und was er verbessern kann.

Fazit

F2 bedeutet, mit hochmotivierten, jedoch fachlich noch nicht kompetenten bzw. eingearbeiteten Personen umgehen: ein Lehrmeister mit Auszubildenden; ein EDV-Instrukteur mit Anfängern; ein Verkäufer mit einem zwar fachfremden, aber bereitwilligen Verkäufer; ein Bergführer mit neuen und zuversichtlichen Bergsteigern.

F3 – Beraten: Ich helfe

Beispiel

Der Mitarbeiter kann die Aufgabe „Terminvereinbarungen" aufgrund klarer Instruktion. Er wird aber nicht sofort mit Volldampf alle Termine am Telefon sicher abmachen. Er zeigt beispielsweise nach einem Telefongespräch Verunsicherung und äußert Ihnen gegenüber, daß man vielleicht Karten mit Terminvorschlägen an Kunden schicken sollte. Wenn Sie aber jetzt beobachtet und evtl. sogar mitbekommen haben, daß dieser Mitarbeiter Kundentermine abmachen kann, dann ist dieser Mitarbeiter offensichtlich verunsichert, hat keinen Willen oder keine Einsicht mehr. Dies bedeutet, daß der Mitarbeiter Selbständigkeit **S3** hat.

Das Ziel ist nach wie vor klar: erfolgreich die „Terminvereinbarungen am Telefon" durchführen. Jetzt wird im Führungsstil F3 vor allem die Beziehung gepflegt: Fragen, Bedenken, Unsicherheiten werden diskutiert. Der Mitarbeiter soll mitteilen, wo das Problem liegt, und er soll das Gespräch bestimmen. Er muß Gelegenheit erhalten, seine Schwierigkeiten mitzuteilen. Sie werden jetzt sein Berater in dieser spezifischen Aufgabe.

Wie jeder Berater müssen Sie vor allem zuhören! Das bedeutet einerseits passives Zuhören (Mund halten), andererseits aktives Zuhören (z. B. nachfragen, wie es geht, bestätigen, nicken, ansehen, auf Fragen eingehen). Sie nehmen die Vorschläge des Mitarbeiters an und diskutieren sie mit ihm. Sie geben ehrliche Rückmeldung und gehen auf private Themen, z. B. Hobbys ein. In Ihrer Körpersprache zeigen Sie Offenheit, Ihre Hände sind z. B. sichtbar geöffnet und Sie machen nichts nebenbei. Anerkennung und Kritik werden offen mitgeteilt.

F3 „Aktiv Führen“ bedeutet, daß die Aufgabe klar ist. Momentane Schwierigkeiten sind noch auszuräumen. Das Ziel ist die Verbesserung der Beziehung, damit die Aufgabe erledigt wird.

Sie müssen sich im F3 bezüglich Aufgabenverhalten stark zurücknehmen. Der Mitarbeiter weiß auf der Selbständigkeitsstufe S3, wie es geht. Zu viel vorgegebene Strukturen und Definitionen stoppen hier jede Diskussion. Wenn Sie viel reden, bremsen Sie das Mitteilungsbedürfnis des Mitarbeiters. Sie erfahren dann nie, wo seine Probleme liegen.

Neue Vorschläge müssen sofort diskutiert werden. Vielleicht gibt es zusätzliches Wissen, das Ihnen nicht zugänglich ist. Vielleicht hat der Mitarbeiter neue Ideen, die wichtig sind. Andererseits können jetzt auch Fragen angeschnitten werden, beispielsweise solche, die das Verständnis des Mitarbeiters aus anderen Zusammenhängen beinhalten. Gerade in der Diskussion werden die Bedenken oder Unsicherheiten verarbeitet. Entscheidungen sollten vom Mitarbeiter nach Rücksprache mit dem Chef getroffen werden.

Mit einem F3 werden natürlich auch größere Risiken eingegangen. Im F3 „Aktiv Führen“ heißt, zur Vertrauenspflege besonders viel Notwendiges machen. Die Kontrolle spielt nur noch eine untergeordnete Rolle. Sie wird höchstens der Situation angepaßt gehandhabt.

Fazit

F3 – Beraten bedeutet für Sie als Vorgesetzten, mit Könnern, aber Verunsicherten oder Unwilligen umzugehen: ein Meister mit Fachspezialisten, die ein Problem erkannt haben; ein EDV-Instrukteur mit unzufriedenen alten Hasen; ein Verkaufsleiter mit einem erfahrenen, aber momentan verunsicherten Verkäufer; ein Bergführer mit erfahrenen, aber momentan verunsicherten oder müden Bergsteigern.

F4 – Delegieren: Ich betreue mit wenig Aufwand

Beispiel

Es ist offensichtlich, daß sich der Mitarbeiter außerordentlich entwickelt. Am Ende des zweiten Tages hat er keine Mühe mehr, auch auf schwierige Gesprächspartner einzugehen. Er handelte genau nach den vereinbarten Vorschlägen und hatte auch viele eigene Ideen. Sie müssen sich überhaupt nicht mehr um ihn kümmern, der Mitarbeiter hat also nun die Selbständigkeit S4 erreicht.

Wie lange wohl wird der Mitarbeiter diese Aufgabe weiter so gut machen? Gerade weil er noch neu in seiner Funktion ist? Das Problem vieler guter Mitarbeiter ist es nämlich, daß sie immer mehr Aufgaben aufgeladen bekommen. Gerade hier geht es darum, die Beziehung zu pflegen. Dann kommt es zu weniger Störungen. Die nun wichtige Frage ist: Was müssen Sie jetzt machen? Wie unterscheidet sich der F4 vom F3?

Der wichtigste Unterschied ist die gewaltige Rücknahme im Beziehungsverhalten. Das Ziel ist jetzt, immer wieder mal nachsehen und ein kurzes Gespräch führen, ohne eine große Diskussion zu führen. Der Mitarbeiter muß das Gefühl haben, es ist jemand da, den er bei Bedarf holen oder ansprechen kann.

Im F4 aktiv führen bedeutet, daß die Aufgaben und Ziele klar sind und Einigkeit über das Vorgehen herrscht. Es gibt keinerlei Probleme in der Beziehung. Sogenannte „Leichen im Keller“ werden erst gar nicht abgelagert. Im F4 führen bedeutet für Sie, wenig Zeit für diesen Mitarbeiter aufwenden zu müssen. Für den Chef ist es die reine Lust, aktiv zu führen. Sie als Vorgesetzte oder Vorgesetzter haben dann Zeit, sich anderen Mitarbeitern oder eigenen Aufgaben zu widmen.

Fazit

F4 bedeutet, als Vorgesetzter mit Könnern und sicheren Mitarbeitern umgehen – so wie ein Meister mit Gesellen, ein Verkäufer mit einem anderen Profi, ein Bergführer mit erfahrenen Bergsteigern umgeht.

Aktives Führen und passives Führen

Aktives Führen heißt, Ihr Führungsverhalten bewußt und zielgerichtet auf eine größere Selbständigkeit Ihres Mitarbeiters hin einzusetzen. Größere Selbständigkeit und damit höhere Leistung erreicht der Mitarbeiter durch schrittweises Erlernen einer bestimmten Aufgabe, Tätigkeit, Arbeit, Funktion, eines Ablaufes, Prozesses oder eines Jobs. Ihre Kontrolle hat dabei sowohl Feedback- als auch Korrekturcharakter und ist nur dann notwendig, wenn am Anfang des Führungsprozesses etwas schiefgelaufen ist.

Passives Führen bedeutet, daß Sie Ihr Verhalten zur Führung Ihres Mitarbeiters ungezielt einsetzen. Größere Selbständigkeit erreicht Ihr Mitarbeiter durch zufällige Konfrontation mit einer bestimmten Aufgabe, Tätigkeit, Arbeit oder einem Job. Passives Führen wird den Mitarbeiter zu geringerer Selbständigkeit führen. Die Konsequenzen, die Sie tragen müssen, sind mehr Reparaturaufwand, weil Sie mehr kontrollieren und korrigieren müssen. Sie verbringen schließlich mehr Zeit mit Schnellschüssen und reagieren mehr, als daß Sie agieren können.

Wie machen Sie sich ein objektives Bild von Ihren Mitarbeitern?

Wie wir oben bereits erwähnt haben, ist es für eine effektive Führung sehr wichtig, daß Sie bezüglich der Selbständigkeit Ihres Mitarbeiters in einer bestimmten Aufgabe eine genaue Diagnose erstellen. Zur Einschätzung eines Mitarbeiters greifen Sie auf die folgenden Instrumente zurück:

- Mitarbeiterblatt (mit Selbständigkeitsgrad des Mitarbeiters und Ihrem Führungsverhalten, s. S. 27)
- Mitarbeiterbeurteilung (s. S. 31)

Diese Instrumente werden im folgenden genau erläutert.

Eine sorgfältige Diagnose soll Ihnen ein „objektives" Bild bezüglich der Leistung eines Mitarbeiters liefern. Diese Transparenz hilft Ihnen im Umgang mit dem betreffenden Mitarbeiter; Sie können mit einem an den Grad seiner Selbständigkeit angepaßten Führungsverhalten reagieren.

Mitarbeiterblatt

Beschreiben Sie das Verhalten Ihres Mitarbeiters bezüglich einer bestimmten Aufgabe, und bestimmen Sie das eigene Führungsverhalten.

1. Sie wählen zuerst einen Mitarbeiter aus und schreiben den Namen oder die Initialen des Mitarbeiters auf den Bogen „Aufgabensituation".
2. Sie erinnern sich an konkrete Aufgaben aus Ihrem Verantwortungsbereich, die Sie dem Mitarbeiter bisher übertragen haben und ihn durchführen ließen.
3. Sie nennen diese Aufgaben und beschreiben sie in Stichworten in der ersten Spalte.
4. In der folgenden Spalte beschreiben Sie dann das Verhalten des Mitarbeiters bezogen auf diese Aufgabe. Wichtig ist hierbei, daß Sie nur tatsächlich beobachtetes Verhalten beschreiben.
5. Sie beschreiben dann unter „mein Verhalten" Ihr eigenes Verhalten: Wie agieren Sie und was sagen Sie diesem Mitarbeiter in der jeweiligen Situation?
6. Die Spalten „S" und „F" sind im Moment noch ohne Bedeutung.

Mitarbeiterblatt: Initialen (Mitarbeiterin/Mitarbeiter) __________				
Aufgabe	**Mitarbeiterverhalten**	**S**	**mein Verhalten**	**F**
				F/S
				F/S
				F/S
				F/S

Abb. 6: *Im Mitarbeiterblatt wird das Aufgabenverhalten Ihres Mitarbeiters und Ihr dazu erfolgtes Führungsverhalten eingetragen.*

Bestimmen Sie die Selbständigkeit Ihres Mitarbeiters

Sie schätzen den ausgewählten Mitarbeiter in dessen Aufgaben ein. Sie beurteilen, ob der Mitarbeiter diese Aufgabe wirklich kann oder nicht kann. Sie beurteilen auch eindeutig, ob Sie selber Sicherheit, Einsicht und Wollen beim Mitarbeiter erleben. Wenn dabei nur einer der drei Punkte negativ ist, reicht das für eine niedrigere Einstufung bereits aus. Sie dürfen den Mitarbeiter auf keinen Fall überschätzen.

- Nehmen Sie sich höchstens 3 Minuten Zeit. Markieren Sie auf dem Bogen, was Sie sahen. Beschränken Sie sich darauf, was Sie beobachteten. Interpretieren Sie nicht.
- Nutzen Sie diesen Bogen und verfeinern Sie ihn für eigene Bedürfnisse. Er gibt Ihnen mehr Klarheit über das Verhalten Ihrer Mitarbeiter und Ihre Reaktionen in bestimmten Situationen.
- Sie tragen nun auch für die einzelnen Aufgaben den Selbständigkeitsgrad Ihres Mitarbeiters in dem „Mitarbeiterblatt“ in der Spalte S ein.

✔	Beobachtung der Selbständigkeit	0% 100%
S 1	❒ brachte keine klaren Argumente: unklare Aussagekraft	|--------------------|
	❒ informierte nicht: Vorgesetzte/r mußte Informationen einholen	|--------------------|
	❒ zeigte unklare Gliederung der Aussagen: verwirrend	|--------------------|
	❒ sprang von Thema zu Thema	|--------------------|
	❒ brachte irrelevante Themen/Fragen	|--------------------|
	❒ stellte keine Fragen	|--------------------|
	❒ war nicht korrekt und war verletzend	|--------------------|
	❒ zeigte/betonte Desinteresse	|--------------------|
	❒ drückte Ablehnung aus	|--------------------|
	❒ widersprach sehr schnell	|--------------------|
	❒ hörte nicht zu	|--------------------|
S 2	❒ blieb beim Thema	|--------------------|
	❒ zeigte fachlich falsches Vorgehen/ falsche Gliederung	|--------------------|
	❒ stellte viele Sachfragen	|--------------------|

	❒ signalisierte Nichtverstehen/ Unverständnis	--------------------------------
	❒ wollte Informationen/fragte nach	--------------------------------
	❒ teilte Interesse mit	--------------------------------
	❒ drückte Erwartungen/Hoffnungen aus	--------------------------------
	❒ widersprach nur langsam	--------------------------------
	❒ hörte viel zu	--------------------------------
	❒ war korrekt und war nicht verletzend	--------------------------------
S 3	❒ informierte über seine Situation	--------------------------------
	❒ Unsicherheit	--------------------------------
	❒ klare Gliederung der Argumente	--------------------------------
	❒ lösungsorientiert: forderte Lösungen/ Entscheidungen	--------------------------------
	❒ teilte Begründungen mit	--------------------------------
	❒ fragte viel nach/widersprach	--------------------------------
	❒ wollte Problem loswerden und hörte zu	--------------------------------
	❒ Betonung: problem- und sach-orientiert	--------------------------------
	❒ drückte Erwartungen/ Hoffnungen aus	--------------------------------
	❒ hörte selber auch zu	
	❒ ließ sich nicht vom Thema abbringen	--------------------------------
	❒ war korrekt und war nicht verletzend	--------------------------------
S 4	❒ informierte kurz über seine Situation	--------------------------------
	❒ klare Argumente, klare Aussagekraft, klare Gliederung	--------------------------------
	❒ blieb beim Thema	--------------------------------
	❒ fragte wenig nach	--------------------------------
	❒ widersprach nicht	--------------------------------
	❒ wollte kein Problem loswerden	--------------------------------
	❒ hörte zu	--------------------------------
	❒ war korrekt und war nicht verletzend	--------------------------------

Abb. 7: *Der Beobachtungsbogen „Selbständigkeit" beschreibt Verhaltensweisen der jeweiligen Selbständigkeitsgrade.*

	Ja	angepaßtes Verhalten	Ja	nichtangepaßtes Verhalten
F 1	❐ ❐ ❐ ❐ ❐ ❐ ❐ ❐ ❐	informiere über Situation teile Entscheidungen mit drücke Erwartungen unmißverständlich aus gebe klare Anordnungen lasse mich nicht vom Thema abbringen bin korrekt und nicht verletzend spreche weit über 50 % der Zeit nenne umfänglich (zu 100 %): was, wer, wann, bis wann, wie mit wem, wohin, wo, ... kontrolliere sehr viel	❐ ❐ ❐ ❐ ❐ ❐ ❐ ❐ ❐ ❐	stelle nicht präzise dar lasse Entscheidungen offen lasse eigene Wünsche unklar beschreibe Aufgabe chaotisch greife private Themen auf ziele auf die Person und nicht auf die Sache lasse den anderen viel reden gebe keine klaren Hinweise gehe viel auf Fragen ein kontrolliere nicht
F 2	❐ ❐ ❐ ❐ ❐ ❐ ❐ ❐ ❐	informiere über Situation teile Entscheidungen mit drücke Erwartungen unmißverständlich aus gebe klare Anordnungen und lasse Fragen zu gehe auf Bedenken und Widerstände ein lasse mich nicht vom Thema abbringen spreche weit über 50 % der Zeit nenne umfänglich (zu 80 %): was, wer, wann, bis wann, wie mit wem, wohin, wo ... kontrolliere viel	❐ ❐ ❐	lasse keine Fragen zu wische Bedenken plakativ weg unterlasse Kontrolle
F 3	❐ ❐ ❐ ❐ ❐ ❐ ❐ ❐ ❐	frage nach Situation / informiere über Situation teile Ideen mit, ohne zu bedrängen spreche weniger als 50% der Zeit höre viel zu und lasse ausreden beteilige mich nur als Ideengeber, wo nötig fordere Mitarbeiter auf, Gedanken und Ideen zu äußern lasse andere die Entscheidung selber fällen überlasse Zwischenkontrolle dem Mitarbeiter mache Ergebnisprüfung und gebe Rückmeldung	❐ ❐ ❐ ❐ ❐	lasse nur eigene Vorschläge zu spreche selber sehr viel sage, was, wann, wer ... macht nach Diskussion: fälle Entscheidung doch selber kontrolliere viel, ohne Rückmeldung zu geben
F 4	❐ ❐ ❐ ❐ ❐	informiere über Situation und bitte um Lösung übergebe Verantwortung und lasse Mitarbeiter entscheiden erwarte und sage: Kontrolle selber machen frage zwischendurch nach, wie es geht sage und erwarte: bei Problemen melden	❐ ❐ ❐ ❐ ❐	weise Aufgaben ohne Diskussion zu ziehe Verantwortung an mich frage nie nach kontrolliere blocke Gesprächsaufnahme ab

Abb. 8: *Die vorliegende Checkliste läßt Sie eigenes Führungsverhalten bezüglich bestimmter Führungsstile klar einschätzen.*

Eigenes Führungsverhalten bestimmen

Eine gute Zusammenarbeit zwischen Mitarbeiter und Führungskraft wird durch das Verhalten beider bestimmt. Sie als Führungskraft sind dafür verantwortlich, daß Sie mit Ihrem Führungsverhalten den Mitarbeiter unterstützen und nicht behindern oder frustrieren.

Die Abbildung auf Seite 30 stellt eine Zusammenfassung von Merkmalen der verschiedenen Führungsstile dar. Sie zeigt, welche Verhaltensweisen dem jeweiligen Führungsstil angepaßt und welche Verhaltensweisen unpassend sind.

Diese Zusammenfassung kann auch als Checkliste für die Überprüfung des eigenen Führungsverhaltens eingesetzt werden. Sie können diese Checkliste beim Beobachten anderer Führungskräfte und Kollegen einsetzen. Sie werden damit mehr Sicherheit in den einzelnen Führungsstilen gewinnen.

Mitarbeiterblatt Spalte „F“: Schätzen Sie bitte mit Hilfe des obigen Instrumentes Ihren Führungsstil F ein und tragen Sie ihn in der jeweiligen Aufgabe ein.

Mitarbeiterbeurteilung

Als nächstes führen Sie die Mitarbeiterbeurteilung durch. Für die folgenden Schritte müssen Ihnen die Schwächen und Stärken des Mitarbeiters bekannt sein. Sie klären das Bild von seiner fachlichen, persönlichen und sozialen Kompetenz.

Mit dem folgenden Instrument wird der Mitarbeiter bezüglich des heutigen Standes seiner Kenntnisse, wie er sie in seinem Verhalten zeigt, eingeschätzt. Sie bereiten die Mitarbeiterbeurteilung in folgenden Schritten vor:

1. Vor der eigentlichen Analyse beobachten Sie den Mitarbeiter bei seiner Arbeit.
2. Sie machen sich einfache, persönliche Notizen über das, was Ihnen auffällt. Dazu können Sie das Mitarbeiterblatt verwenden. Bei Kundenbesuchen, in seinem Büro, in Gesprächen mit Vorgesetzten achten Sie auf sein Verhalten. Was macht er und wie geht er im einzelnen vor? Es zählt dabei einzig und allein, was Sie als Vorgesetzter selber

beobachten können. Als Vorgesetzter können Sie auch gezielt Themen ins Gespräch bringen, wenn der Mitarbeiter bisher darüber nichts geäußert hat. Sie können, etwa während eines sozialen Anlasses, eigene Erfahrungen zu einem Thema darstellen und zuhören, was seine Meinung zu diesem Thema ist. Als Chef können Sie in einer Besprechung das Thema „Entwicklung“ aufgreifen und um seine Meinung bitten.[1]

In der Vorbereitung helfen ergänzend

- die Lust- und Frustbilanz,
- die Leistungsbilanz.

Lust- und Frustbilanz

In der Lust- und Frustbilanz tragen Sie auf der Lustseite ein: „Was macht mir in der Zusammenarbeit mit diesem Mitarbeiter Spaß? Was finde ich immer wieder toll? Was macht mir Freude mit diesem Mitarbeiter?“ Auf der Frustseite halten Sie fest: „Was nervt, ärgert, beunruhigt oder ängstigt mich immer wieder? Was macht mir Mühe, Ärger, Frust?“

Lust	Frust

Abb. 9: *Die Lust – und Frustbilanz signalisiert die positiven und negativen Gefühle und Aspekte in der Beziehung zu einem bestimmten Mitarbeiter.*

[1] Bitte beachten Sie, daß in der Anwendung des Betriebsverfassungsgesetzes – je nach Unternehmen – Richtlinien zu Mitarbeiterbeurteilungen bestehen. So kann es z. B. in Vereinbarungen mit dem Betriebsrat der Fall sein, daß schriftliche Notizen über Leistungen von Mitarbeitern untersagt sind.

Erfolg	Mißerfolg

Abb. 10: *Die Leistungsbilanz erfaßt, welche Leistungen und Mißerfolge ein Mitarbeiter erzielte.*

Leistungsbilanz

In der Leistungsbilanz tragen Sie auf der Erfolgsseite ein: „Was für konkrete Leistungen erbrachte der Mitarbeiter in einer bestimmten Zeitspanne? Was konkret hat er erreicht? Welche Erfolge erzielte er?“ Auf der Mißerfolgsseite halten Sie fest: „Was konkret hat er nicht erreicht? Welche Leistungen hat er verfehlt? Was machte er zuviel oder gar nicht?“

Durchführung der Mitarbeiterbeurteilung

1. Sie nehmen sich etwa eine Stunde Zeit und lesen Ihre eigenen Notizen, die Lust- und Frustbilanz und die Leistungsbilanz durch.
2. Sie nehmen die dem Formblatt beiliegenden Verhaltensbeschreibungen zur Hand (s. S. 35).
3. Sie berücksichtigen die bereits früher angefertigten Notizen zu den Selbständigkeitsgraden zu den einzelnen Aufgaben und fällen dann ein klares Urteil, wie Sie den Mitarbeiter erlebt haben.
4. Sie legen sich selber verbindlich auf klare Aussagen fest und schreiben diese auf dem Formblatt in die rechte Spalte.
5. Sie machen die Einschätzung über eine gewisse Zeitspanne und bestimmen, in wieviel Prozent der Zeit Sie die angeführten Verhaltensweisen beobachtet haben.

Mitarbeiterbeurteilung von: Stelleninhaber/in seit: Vorgesetzte/r:					
					eigene Beschreibung
1. Persönlichkeit	100 %	75 %	50 %	25 %	
• Flexibilität und Initiative	❐	❐	❐	❐	
• Auftreten	❐	❐	❐	❐	
• Kommunikation	❐	❐	❐	❐	
• Ehrlichkeit	❐	❐	❐	❐	
2. Verkaufen	100 %	75 %	50 %	25 %	
• Überzeugungskraft	❐	❐	❐	❐	
• Anpassung an Kunden	❐	❐	❐	❐	
• Kennt die Produkte	❐	❐	❐	❐	
3. Fachliches Können: Versicherung	100 %	75 %	50 %	25 %	
• Arbeitsqualität	❐	❐	❐	❐	
• Arbeitsquantität	❐	❐	❐	❐	
• Urteilsvermögen und Kontrolle	❐	❐	❐	❐	
• Kostenbewußtes Handeln	❐	❐	❐	❐	
4. Soziale und Führungskompetenz	100 %	75 %	50 %	25 %	
• Zusammenarbeit	❐	❐	❐	❐	
• Zielorientiertes Arbeiten und Überzeugungskraft	❐	❐	❐	❐	
• Führungsverhalten (nur bei Führungsaufgaben)	❐	❐	❐	❐	
• Mitarbeiterentwicklung (nur bei Führungsaufgaben)	❐	❐	❐	❐	

Abb. 11: *Die Mitarbeiterbeurteilung wird regelmäßig durchgeführt und sichert die objektivere Beobachtung der Entwicklung des Mitarbeiters.*

Verhaltensbeschreibung für Mitarbeiter

1. Verhaltensweisen zur Persönlichkeit

Flexibilität und Initiative
- stellt sich schnell auf veränderte und neue Sachlagen ein
- richtet die Arbeitsführung auf die neue Situation aus
- reagiert schnell bei akuten Problemen und behält dabei die Übersicht
- erkennt Aufgaben aus eigenem Antrieb und greift sie auf, ohne den Weg genau vorgezeichnet zu bekommen

Auftreten
- spricht frei und offen
- schreibt klar und kurz
- ist sicher im Auftreten
- überzeugt das Publikum oder eine Diskussionsrunde
- läßt Partner aussprechen
- hört interessiert zu
- respektiert die Meinung des anderen in Diskussionen

2. Verkaufsverhalten

- macht ohne Widerstand Termine am Telefon ab
- führt harte Kundengespräche sicher und mit klaren Ergebnissen
- überzeugt uninformierte Kunden
- berät mit klarem Ergebnis unsichere Kunden
- fragt auch bei problemlosen Kunden hin und wieder nach

3. Fachliches Verhalten

Arbeitsqualität
- macht fast keine Fehler
- setzt theoretische und praktische Kenntnisse ein
- braucht kaum kontrolliert zu werden

Arbeitsquantität
- erledigt Arbeit in vorgegebener Zeit oder schneller
- zeigt Ausdauer und Stetigkeit bei der Arbeit

Urteilsvermögen und Kontrolle
- erkennt Ziele und Notwendigkeiten
- setzt Prioritäten

- wählt neue Lösungswege nach ihrer Wirksamkeit und setzt sie ein
- kontrolliert eigene Arbeitsergebnisse

Kostenbewußtes Handeln
- erreicht vorgegebene Ziele mit möglichst geringem Zeitaufwand
- erkennt Verlustquellen und behebt sie
- geht rationell mit Ressourcen um

4. Soziales Verhalten

Zusammenarbeit
- arbeitet mit Kollegen und Vorgesetzten zusammen
- beteiligt sich an gemeinsamen Aufgaben
- beschafft sachliche Informationen unter Ausnutzung aller Kommunikationswege
- leitet Informationen exakt und schnell weiter
- geht diskret mit vertraulichen Dingen um
- merkt sich wichtige Gedanken in Gesprächen und knüpft nachher daran an

Zielorientiertes Arbeiten und Überzeugungskraft
- bildet sich eine eigene Meinung aufgrund von Fachkompetenz und stellt diese verständlich dar
- überzeugt durch Argumente sowie durch Sprache und Auftreten, auch gegen Widerstände
- bewegt etwas

Führungsverhalten bei Führungsaufgabe
- trifft Entscheidungen, die das Aufgabenziel erreichen
- kann und will unfähige Mitarbeiter straff führen
- vertritt Unternehmensentscheidungen bei seinen Mitarbeitern
- steht bei Problemen Mitarbeitern offen zur Verfügung
- berät Mitarbeiter bei Unsicherheit
- gibt eigene Lieblingsaufgaben an andere ab

Mitarbeiterentwicklung
- kennt Leistungspotentiale der Mitarbeiter
- fördert Mitarbeiter in ihrem Potential
- nutzt Potential seiner Mitarbeiter voll aus
- gibt Mitarbeiter ab

1.3 Beispiel: Mitarbeitereinschätzung und sicheres Führen

Willi Blum hat in den vergangenen fünf Jahren folgende Aufgaben wahrgenommen:

- erstellte und testete Anwendungsprogramme,
- leitete Projekte (Umfang 3 Personenjahre),
- betreute eigenverantwortlich Betriebssystem und systemnahe Software,
- führte ein Team von 5 Personen,
- betreute die Infrastruktur der Anwendungsentwicklung,
- arbeitete bei der Entwicklung einer Informatikstrategie mit.

Anna Sonne schätzt die Selbständigkeit von Willi Blum bezüglich der verschiedenen Aufgaben wie folgt ein:

Initialen (Mitarbeiterin/Mitarbeiter): Willi Blum				
Aufgabensituation	**Mitarbeiterverhalten**	**S**	**mein Verhalten**	**F**
1 Ein Anwendungsprogramm von Willi Blum läuft fehlerhaft.	Willi Blum veranlaßt, daß dieses Programm nicht mehr benutzt wird. Wiederholt die Fehlersituation in einer Testumgebung. Ermittelt mit Hilfe von Testwerkzeugen die Fehlerursache und behebt den Fehler. Nach anschließendem erfolgreichen Test gibt er das Programm wieder zur Anwendung frei.	**S4**	Ich übergebe an Willi Blum die Verantwortung, sich um sein Programm zu kümmern, und fordere von ihm, daß er mich bei Problemen informiert.	**F4**
2 Ein Teammitarbeiter von Willi Blum macht wiederholt Probleme.	Willi Blum kümmert sich nicht um seinen Mitarbeiter, sondern erledigt die Aufgaben seines Mitarbeiters selbst.	**S1**	Ich übergebe an Willi Blum die Verantwortung, sich um seinen Mitarbeiter zu kümmern, und fordere von ihm, daß er mich bei Problemen informiert.	**F4**

Aufgabensituation	**Mitarbeiterverhalten**	**S**	**mein Verhalten**	**F**
3 Willi Blum muß eine technisch ausgefeilte Lösung im Auftrag eines Softwareanbieters bei einem Kunden dieses Softwareanbieters vorstellen.	Willi Blum freut sich über diese Gelegenheit. Er hat noch nie eine Präsentation von einer Stunde vorbereitet und gehalten. Damit diese Präsentation beim Publikum gut ankommt, holt er sich Unterstützung bei einem Kollegen, der ausgezeichnet Präsentationen aufbereiten kann. Die technischen Details machen Willi Blum keine Mühe.	**S2**	Ich bespreche mit Willi Blum eine Woche vor der eigentlichen Präsentation seine Vorstellung, damit noch genügend Zeit für eventuell anfallende Korrekturen vorhanden ist.	**F3**

Abb. 12: *Die Aufgabensituation wird zur Dokumentation von Aufgabenverhalten des Mitarbeiters und Führungsverhalten des Vorgesetzten eingesetzt.*

Die Lust-Frust-Bilanz und die Leistungsbilanz ergeben das folgende Bild von Willi Blum:

Lust	Frust
Habe Spaß, weil er • fachlich sehr kompetent ist • ich mich mit ihm sehr gut verstehe • er von mir Kritik annimmt • er Veränderung möchte • er großen Einsatz zeigt	Bin sauer, weil ich • bei Führungsfragen oft korrigieren muß • Öffentlichkeitsarbeit selber machen muß

Abb. 13: *Lust-Frust-Bilanz zu Willi Blum.*

Erfolg	Mißerfolg
• fachlich hohe Akzeptanz bei seinen Kunden • Projektabschluß: Change-Management • Produktionsübernahme der neuen Bestandsverwaltung Unterstützung der technischen Umstellung auf ein neues Transaktionssystem	• Entscheidung über Entwicklungsumgebung I oder II Er konnte die sachlich bessere Variante nicht durchsetzen

Abb. 14: *Leistungsbilanz zu Willi Blum*

Mit Hilfe der Mitarbeiterbeurteilung erhält Anna Sonne eine Beurteilung, bei der die Kriterien standardisiert sind.

Mitarbeiterbeurteilung von: Willi Blum

Stelleninhaber seit: 01.04.1995

Vorgesetzte: Anna Sonne

	100 %	75 %	50 %	25 %	eigene Beschreibung
1. Persönlichkeit					
• Flexibilität und Initiative	✓	❐	❐	❐	• stellt sich schnell auf neue Situationen ein
• Auftreten	❐	❐	✓	❐	• ist in öffentlichen Vorstellungen z. T. unsicher
2. Verkaufen	100 %	75 %	50 %	25 %	
• kommuniziert mit Kunden	❐	✓	❐	❐	• kümmert sich regelmäßig um die Kundenzufriedenheit
• kümmert sich um unangenehme Kunden	❐	❐	❐	✓	• hat mit ihm persönlich unsympathischen Personen Mühe
• präsentiert sein Team im Unternehmen	❐	❐	❐	✓	• hält Präsentationen über sein Team für überflüssig
3. Fachliches Können: Versicherung	100 %	75 %	50 %	25 %	
• Arbeitsqualität	✓	❐	❐	❐	• fehlerfrei
• Arbeitsquantität	✓	❐	❐	❐	• schafft weit mehr als seine Kollegen
• Urteilsvermögen und Kontrolle	✓	❐	❐	❐	• sein Rat ist immer gefragt
• Kostenbewußtes Handeln	✓	❐	❐	❐	

4. Soziale und Führungskompetenz	100 %	75 %	50 %	25 %	
• Zusammenarbeit	✓	❐	❐	❐	• Kollegen arbeiten gerne mit ihm zusammen
• Zielorientiertes Arbeiten und Überzeugungskraft	❐	✓	❐	❐	• arbeitet zielorientiert, kann sachlich argumentieren
• Führungsverhalten (nur bei Führungsaufgaben)	❐	❐	✓	❐	• nimmt seine Führungsaufgabe ausreichend wahr
• Mitarbeiterentwicklung (nur bei Führungs. aufgaben	❐	❐	❐	✓	• kümmert sich zu wenig um die Entwicklung seiner Mitarbeiter

Abb. 15: *Die Mitarbeiterbeurteilung wird regelmäßig durchgeführt und sichert die objektivere Beobachtung der Entwicklung des Mitarbeiters.*

Fazit

Eine sorgfältige Diagnose bezüglich der Selbständigkeit eines Mitarbeiters in einer bestimmten Aufgabe ist die Basis für effektives Führungsverhalten. Die Selbständigkeit des Mitarbeiters bestimmt Ihren Führungsstil. Zur Einschätzung der Selbständigkeit der Mitarbeiter wurden Ihnen verschiedene Instrumente vorgestellt. Erst nachdem für Sie klar ist, wo ein Mitarbeiter bezüglich seiner Leistung steht, können Sie ihn gezielt führen und fördern.

Ich will erfolgreiche Mitarbeiter

2

Erfolgreiche Führungskräfte sind von erfolgreichen Mitarbeitern umgeben. Das bedeutet folgendes:

- Die Führungskraft zeigt, daß sie gute Mitarbeiter führen und entwickeln kann; die Führungskraft zieht automatisch weitere gute Mitarbeiter an, da sie ein interessanter Partner ist.
- Die Führungskraft fordert und fördert Mitarbeiter; die Mitarbeiter bringen Spitzenleistungen, was den Ruf des Vorgesetzten verbessert.
- Die Führungskraft hält gute Mitarbeiter; die Mitarbeiter wissen, daß sie Perspektiven haben und nicht blockiert werden.
- Die Führungskraft profitiert vom Erfolg der Mitarbeiter. Führungskraft und Team senden positive Signale nach außen.

Um Mitarbeiter zu fordern und zu fördern, sind folgende Voraussetzungen nötig:

- Sie müssen die Mitarbeiter bezüglich ihren Fertigkeiten einschätzen (siehe auch Kapitel 1).
- Für jeden einzelnen Mitarbeiter müssen Ziele definiert werden.
- Sie müssen mit jedem Mitarbeiter im Rahmen eines persönlichen Gesprächs eine Zielvereinbarung durchführen und diese Zielvereinbarung hinsichtlich der Umsetzung überwachen.

***Habe Geduld.
Das Gras wächst nicht dadurch schneller, indem Du daran ziehst.***

Wenn Sie als Führungskraft Zeit für persönliche Gespräche mit Ihren Mitarbeitern und für die Entwicklung Ihrer Mitarbeiter investieren, haben Sie einen klaren Nutzen: ehrgeizige und erreichte Ziele, gute Leistung, motivierte Mitarbeiter, weniger Fehler, geringere bzw. von Ihnen gesteuerte Fluktuation der Mitarbeiter, ein gutes Image innerhalb und außerhalb des Unternehmens.

2.1 Warum ist es wichtig, daß Ihre Mitarbeiter erfolgreich sind?

Beispiel

Die Geschäftsführung hat die bisherige Teamchefin überraschend zur Leiterin eines wichtigen Projekts gewählt. Jetzt muß der bisherige Stellvertreter, Willi Blum, die Funktion des Teamchefs übernehmen. Willi Blum kommt für diese Aufgabe in Frage, denn er hat in seiner bisherigen Laufbahn als Sachbearbeiter sehr gute Leistungen erbracht. Weitere Gründe für den Vorschlag der Teamchefin sind die konstruktive und zuverlässige Art von Willi Blum, mit der er Ziele und Projekte zu realisieren half. Sie benötigte wenig Zeitaufwand und Kraft in der Zusammenarbeit mit ihm. Sie erlebte ihn bei Notfalleinsätzen, z. B. in der Führung von Besprechungen, als sehr sicher. Es gilt nun herauszufinden, in welchen Aufgaben er gefördert und gefordert werden muß, damit sich die Teamchefin um die Projektleitung kümmern kann.

Dieses Beispiel zeigt, daß es für eine Führungskraft wichtig ist, auf gute Mitarbeiter zugreifen zu können, um z. B. in Notsituationen schnell handeln zu können. Voraussetzung dafür ist, daß Sie ein klares Bild über Ihre Mitarbeiter haben. Die Einschätzung Ihrer Mitarbeiter zeigt Ihnen, welche Mitarbeiter Ihnen wenig und welche Ihnen viel Mühe und Probleme bereiten.

Wozu brauchen Sie erfolgreiche Mitarbeiter?

- Erfolgreiche Mitarbeiter unterstützen Sie, ohne daß Sie selber viel investieren müssen. „Problemmitarbeiter“ fressen Ihre Zeit und Energie.
- Erfolgreiche Mitarbeiter tragen direkt zu Ihrem Erfolg bei. Sie nehmen Ihnen wichtige Aufgaben von sich aus ab und erledigen sie, ohne daß Sie selber sich viel darum kümmern müssen. Diese Mitarbeiter bringen von sich Lösungsvorschläge zu brennenden Problemen und belasten Sie nicht zusätzlich. Sie haben somit mehr Zeit für Ihre wesentlichen Aufgaben. Je mehr solcher Mitarbeiter Sie in Ihrem Team haben, um so mehr Erfolgsträger umgeben Sie.

- Erfolgreiche Mitarbeiter sind eine Investition für die Zukunft. Sie schaffen über diese Mitarbeiter die Voraussetzung, zukünftige, unbekannte Aufgaben erfolgreich zu bewältigen. Diese Mitarbeiter fordern Sie heraus, und das erhöht automatisch auch Ihre Leistung.

- Viele Menschen haben für sich selbst den Anspruch, sich weiterzuentwickeln. Mitarbeiter mit diesem Anspruch suchen ein Umfeld, in dem Entwicklung möglich ist. Wenn Sie solche Mitarbeiter fördern, spricht sich das herum und Sie ziehen erfolgreiche Leistungsträger an.

Nur wer an Stärken der Mitarbeiter glaubt, kann diese auch fördern.

2.2 Wie fordern und fördern Sie Ihre Mitarbeiter?

Einen Mitarbeiter zu fördern bedeutet, Antworten auf folgende Fragen zu geben:

1. Wo steht er heute?
2. Wo soll er hin, wo kann er hin?
3. Wo will er hin?
4. Was braucht es, damit er dahin kommt?
5. Wie kommt er dahin?

Diese Fragen werden im **Prozeß der Mitarbeiterförderung** in drei Schritten bearbeitet:

1. Schritt:	Wo steht er heute?	– Sie schätzen den Mitarbeiter bezüglich seiner bisherigen Leistungen, Erfolge, Mißerfolge etc. ein.
2. Schritt:	Wo soll er und wo kann er hin?	– Sie schätzen den Mitarbeiter bezüglich seiner zukünftigen Möglichkeiten ein. – Sie machen sich Gedanken, was aus ihm werden kann.
3. Schritt:	Wo will er hin? Was braucht es, damit er dahin kommt? Wie kommt er dahin?	– Sie klären mit dem Mitarbeiter seine Absichten und Ziele bezüglich seiner weiteren Laufbahn. – Sie klären die Voraussetzungen und Maßnahmen für die Mitarbeiterförderung. – Sie stellen die Umsetzung der Mitarbeiterförderung sicher.

Wo steht er heute?

Die Mitarbeiterbeurteilung ist die eigentliche Basis für die Mitarbeiterentwicklung. Die Beurteilung führten wir bereits im Kapitel „Wie schätze ich meine Mitarbeiter besser ein und führe sie sicher?“ ein.

Folgende Fragen klären Sie, wenn Sie einen Mitarbeiter bezüglich seines aktuellen Standes einschätzen wollen:

- Welche Verhaltensweisen sind ausschlaggebend dafür, daß Sie diesen Mitarbeiter als Schlüsselperson betrachten?
- Welche Stärken hat der Mitarbeiter?
- Welchen Nutzen bringt dieser Mitarbeiter? Was gibt dieser Mitarbeiter?
- Welchen Selbständigkeitsgrad hat dieser Mitarbeiter bei welchen Aufgaben?

Wenn Sie diese Fragen beantwortet haben, gehen wir jetzt einen Schritt weiter.

Wo soll er hin und wo kann er hin?

Damit Vorgesetzte eine Idee von den zukünftigen Möglichkeiten eines Mitarbeiters haben, bedarf es einer Einschätzung darüber.

Erfolgreiche Mitarbeiter zu haben bedeutet, unausgeschöpftes Potential immer wieder zu finden – und zu nutzen. Diese Einschätzung wird Potentialbeurteilung genannt. Der heutige Stand der Kenntnisse und das Verhalten sind die Ausgangsbasis. Sie beurteilen, was Sie diesem Mitarbeiter an zukünftigen Entwicklungen zutrauen.

Die klassische Stärken- und Schwächenanalyse eines Mitarbeiters bietet ein weiteres mögliches Reservoir für die Erschließung ungenutzter Ressourcen.

Wenn Klarheit über das Potential herrscht, müssen Sie sich Gedanken über die dazu nötigen Entwicklungsschritte machen. Dazu gehört auch, den notwendigen Zeitrahmen einzuschätzen.

Diese Entwicklungsschritte sollten Sie mit Hilfe einer Zielvereinbarung formulieren. Die Zielvereinbarung dokumentiert:

- das **Ziel** – wo will ich hin?
- die **Meßgröße** – wie sehe ich das Erreichte?
- **Maßnahmen** – was mache ich?
- **Fördermaßnahmen** – was brauche ich?
- **Termin** – bis wann?
- **Voraussetzungen** – Zeit, Personen, Geld …

Echte Laufbahnentwicklung hat klare Ziele und klare Abmachungen zum Inhalt, die regelmäßig überprüft werden.

Wer das Ziel nicht kennt, kommt niemals an.

Für die Zielvereinbarung müssen klare Ziele formuliert werden. Wir machen immer wieder die Erfahrung, daß mit „Ziel“ alle möglichen Begriffe gemeint sind. Unter „Ziel“ verstehen wir einmal eine zukünftige Absicht oder Vision. Pragmatiker begreifen Ziele als konkrete Ergebnisse und etwas Meßbares. Andere bezeichnen aber auch Methoden und Vorgehensweisen als Ziele, also den Weg, wie man bestimmte Dinge erreicht. Jedenfalls kamen wir zu dem Schluß, daß wir eine einfache und für alle verständliche Methode bzw. Definition brauchen, damit begriffliche Klarheit herrscht.

Die folgende Abbildung hilft Ihnen, alle Komponenten für eine Zieldefinition in einer einfachen Form zu erarbeiten und festzuhalten.

ZIEL

Z	Zweck	Zu welchem Zweck machen wir das? Was haben wir davon? Was bedeutet das für uns? Warum? „Engagierte und leistungsstarke Mitarbeiter"
I	Inhalt	mit bestimmten Methoden, Vorgehensweisen oder Handlungen und Personen Wie und Wer? „Regelmäßige Mitarbeiterbeurteilung und Zielvereinbarung durchführen und umsetzen"
E	Ergebnis	einen bestimmten, meßbaren und überprüfbaren Zustand Erfolgskriterien? Woran erkenne ich die Zielerreichung? Was? „Niedriger Krankenstand, niedrige Fluktuation, hohe Zielerreichung"
L	Länge	für eine bestimmte Zeitdauer erreichen. Wie lange? „In einem Jahr"

Abb. 16: *Zuerst klärt der Vorgesetzte für sich, dann mit dem Mitarbeiter zusammen die Ziele. Je klarer die Ziele formuliert sind, desto einfacher und verbindlicher wird der zurückzulegende Weg.*

Zielvereinbarung

Zielvereinbarung von: / Vorgesetzter:	
Ziel (Wo will ich hin?)	
Meßgröße (Wie sehe ich das Erreichte?)	
Maßnahmen / Handlungen (Was mache ich?)	
Fördermaßnahmen (Was brauche ich?) Andere Aufgaben Ausbildung	
Termin (Bis wann?)	
Voraussetzungen Zeit	
Personen	
Geld	
Ort	
Qualität	
Quantität	
Ort, Datum: ____________ Unterschrift Mitarbeiter: ____________ Unterschrift Vorgesetzter: ____________	

Abb. 17: *Eine klare Zielvereinbarung mit einer Einschätzung der notwendigen Hilfsmittel (Investitionen) klärt Abmachungen.*

Wie stelle ich sicher, daß er dahin kommt?

Wo will er hin? Was braucht es, damit er dahin kommt? Wie kommt er dahin?

Mit Hilfe der Zielvereinbarung klären Sie zusammen mit dem Mitarbeiter die restlichen Fragen vollständig. Sie stellen mit Gesprächen vor allem auch sicher, ob der Mitarbeiter mit Ihren Auffassungen übereinstimmt und eine Entwicklung will.

Sie treffen klare Abmachungen. Zielvereinbarungen ohne klare Maßnahmen sind wertlos.

Sie vereinbaren ein Gespräch und bitten den Mitarbeiter, sich auf das Gespräch vorzubereiten. Im Sinne einer offenen und ehrlichen Beziehung teilen Sie ihm den Zweck und den Inhalt dieses Gesprächs mit.

Sie besprechen mit dem Mitarbeiter, den Sie fördern wollen:

- Ihre Einschätzung bezüglich seiner Leistung, seiner Stärken, seiner Defizite,
- die von Ihnen vorbereiteten Ziele bezüglich seiner Entwicklung und die Umsetzung dieser Ziele,
- seine Vorschläge bezüglich seiner Entwicklung.

Sie formulieren dann mit dem Mitarbeiter zusammen die Zielvereinbarung, die umgesetzt wird. Ein Mitarbeiter kann entwickelt werden, indem er schrittweise sein Tätigkeitsfeld erweitert. Damit er neue, anspruchsvollere Arbeiten ausführen lernt, muß er sie tatsächlich übernehmen und für die Bearbeitung instruiert werden, z. B. über eine Schulung oder eine persönliche Einführung in die entsprechende Aufgabe.

Sie machen konkrete Ziele und Maßnahmen ab und vereinbaren einen Termin, bei dem Sie die Umsetzung der Zielvereinbarung überprüfen.

In diesem Gespräch wenden Sie die Führungsstile **F2 (Überzeugen) und F3 (Beraten)** an. Sie klären den Mitarbeiter über Ihre Beurteilung auf, informieren ihn über Ihr Vorhaben und stellen ihm Ihre Erwartungen an ihn dar. Sie dominieren das Gespräch, lassen aber auch Fragen von seiner Seite zu und diskutieren sie mit ihm.

1. Für das Gespräch achten Sie darauf, daß genügend Zeit zur Verfügung steht (sowohl von Ihrer Seite, als auch vom Mitarbeiter).
2. Das Gespräch führen Sie in einer vertraulichen Umgebung.
3. Sie lassen keine Störungen durch das Telefon zu.
4. Sie halten Abmachungen und Ergebnisse schriftlich fest.
5. Zu Beginn des Gespräches erläutern Sie dem Mitarbeiter Ihre Ziele.
6. Sie führen das Gespräch und diskutieren mit dem Mitarbeiter das weitere Vorgehen.
7. Sie achten nach dem Gespräch darauf, daß die Abmachungen zwischen Ihnen und Ihrem Mitarbeiter umgesetzt werden.

Wichtig ist, daß der Mitarbeiter spürt, daß das, was Sie mit ihm abmachen, verbindlich und ernst gemeint ist, und nicht nur „Schön-Wetter-Gerede“ ist.

Mitarbeiterförderung ist eine Aufgabe, die Sie in der Regel einmal pro Jahr in dem Umfang machen, wie wir es bis hierher gezeigt haben.

Mitarbeiter zu fördern ist auch eine Führungsaufgabe, die Sie täglich wahrnehmen. Aus unserer Sicht ist es z. B. sehr wichtig, daß Sie als Vorgesetzter den Kontakt zu Ihren Mitarbeitern regelmäßig pflegen – management by walking. Suchen Sie Ihre Mitarbeiter an deren Arbeitsplatz auf; es gibt dazu immer wieder Gelegenheiten, wie z. B. eine Information weitergeben, etwas nachfragen etc. Sie werden staunen, wieviel Sie dabei über Ihre Mitarbeiter erfahren.

Es gibt heute auch sehr viele Aufgaben, die unvorhergesehen zu bearbeiten sind. Diese Aufgaben sind immer wieder Chancen für Ihre Mitarbeiter, etwas Neues zu machen, zu lernen und dabei zu wachsen.

Sowohl die Mitarbeiterförderung im großen als auch im kleinen, in der alltäglichen Routine, helfen Ihnen, Sie und Ihre Mitarbeiter erfolgreich zu machen. Beide Ansätze sind wichtig und notwendig. Mitarbeiterförderung nur im großen nutzt viele Chancen im Alltag nicht und kann etwas unglaubwürdig wirken. Denn ein Mitarbeiter möchte seinen Chef mehr als nur einmal im Jahr persönlich sprechen. Für Mitarbeiter ist daher ein regelmäßiger Kontakt mit der Führung wichtig. Eine Mitarbeiterförderung in der täglichen Routine ist nicht auf eine zukünftige Entwicklung ausgerichtet und damit nicht geeignet, abzustecken, wo die Entwicklung langfristig hingehen soll.

Überblick zu Führungsinstrumenten: Der Führungswerkzeugkasten

Wir haben Ihnen bis hierher gezeigt, wie Sie Mitarbeiterförderung in einer einfachen und funktionierenden Form durchführen können.

Um Ihnen einen Eindruck über weitere mögliche Führungsinstrumente zu vermitteln, möchten wir Ihnen den Führungswerkzeugkasten vorstellen. Der Führungswerkzeugkasten zeigt alle Entwicklungsmaßnahmen im Zusammenhang. Er faßt alle Führungsinstrumente von der Mitarbeitereinstellung und -entwicklung bis zur Kündigung zusammen.

Unsere Absicht ist, Ihnen anhand des Führungswerkzeugkastens **einen Überblick**

- über verschiedene Führungsinstrumente zu geben und
- diese Instrumente den entsprechenden Führungsaufgaben/-situationen zuzuordnen.

Der Führungswerkzeugkasten zeigt klar auf, welche Instrumente für eine gute Führungsarbeit notwendig sind und welche ergänzend herangezogen werden können. **Sie wenden den Führungswerkzeugkasten folgendermaßen an**: Sie wählen Elemente aus, die Sie für Ihre Führungsarbeit wertvoll finden und anwenden wollen. Sie setzen damit auch bewußt die Grenzen gegenüber dem, was Sie nicht für notwendig erachten.

Führungswerkzeugkasten

Führungsaufgabe	**Führungsinstrument**	Wer ist Verantwortlich	Ergänzend Notwendig
Beförderung/ Neuqualifizierung	**Anforderungsprofil**	Vg	NW
	Stellenbeschreibung	Vg	NW
	Psychologische Einzeltests	PE	E
	Leistungs-, Intelligenztests	PE	E
	Persönlichkeitstests	PE	E
⇩	strukturierte Interviews	Vg	E
	Fragebögen usw.	Vg	E
	Spezielle Verhaltenstests		E
	Assessment-Center	PE	
	Führungsstiltests	PE	E
	Einschätzungen		
	Selbständigkeit des Mitarbeiters	Vg/Ma	NW
⇩	Stärken- und Schwächenanalyse	VG/Ma	NW
	Lust- und Frustbilanz	VG/Ma	NW
	Leistungsbilanz	VG/Ma	NW
	Mitarbeiterbeurteilung	VG/Ma	NW
⇩	Mitarbeiterblatt	VG/Ma	NW
	eigenen Führungsstil bestimmen	VG	NW
Fördermaßnahmen	Mitarbeitergespräch	Vg	NW
	Qualifikations- und Zielvereinbarungsgespräch	Vg	NW
	Leistungsbeurteilung	Vg	NW
	On-the-Job-Training	Vg	NW
⇩	unternehmensspezifische Aus- und Weiterbildung	PE	NW
⇩	unternehmensfremde Aus- und Weiterbildung	Ma/PE	E
	Weiterbildung,		
Nachwuchs-sicherung	Nachfolgeplan	Vg	NW
	Nachwuchsförderkonzept	PE	NW
	Laufbahnentwicklung (individuell)	Vg/Ma	E
		Ma=Mitarbeiter Vg=Vorgesetzter PE = Personal	NW = Notwendig E = Ergänzend

Abb. 18: *Der Führungswerkzeugkasten zeigt die Instrumente der jeweiligen Führungsaufgaben.*

2.3 Ein Beispiel zur Mitarbeiterförderung

Willi Blum soll gefördert werden, damit er auch bei seiner neuen Aufgabe, der Teamführung, das hohe Niveau seiner bisherigen Leistungen erreicht. Wir sehen ihn als Schlüsselperson für unser Unternehmen.

Die Leistungsbilanz zu Willi Blum bestätigt unseren Eindruck:

Erfolg	Mißerfolg
• fachlich hohe Akzeptanz bei seinen Kunden • Projektabschluß: Softwareverwaltung • Produktionsübernahme der neuen Bestandsverwaltung • Unterstützung der technischen Umstellung auf ein neues Transaktionssystem • hohe Leistungsbereitschaft und -einsatz sorgfältige und zuverlässige Arbeit	• Entscheidung Entwicklungsumgebung I oder II: konnte die sachlich bessere Variante nicht durchsetzen

Das Potential von Willi Blum schätzen wir folgendermaßen ein:

Mitarbeiterbeurteilung von: Willi Blum

Stelleninhaber seit: 01.04.1995

Vorgesetzte: Anna Sonne

					Beurteilung/ Maßnahmen
1. Persönlichkeit	100 %	75 %	50 %	25 %	
• Flexibilität und Initiative	✓	❒	❒	❒	• wird er beibehalten
• Auftreten	❒	✓	❒	❒	• kann er durch gezieltes Üben und durch Unterstützung verbessern

	100 %	75 %	50 %	25 %	
2. Verkaufen					
• kommuniziert mit Kunden	❒	✓	❒	❒	• wird er beibehalten
• kümmert sich um unangenehme Kunden	❒	❒	✓	❒	• Leistungsbilanz kann er verbessern, Gesprächsvorbereitung, Lust- und Frustbilanz
• präsentiert sein Team im Unternehmen	❒	❒	✓	❒	• kann er verbessern, Coaching durch Vorgesetzten: Bedeutung des Images seines Teams, Nutzen für sein Team und für sich
3. Fachliches Können: Informatik	100 %	75 %	50 %	25 %	
• Arbeitsqualität	✓	❒	❒	❒	• wird er beibehalten
• Zielorientiertes Arbeiten und Überzeugungskraft	✓	❒	❒	❒	• wird er beibehalten
• Führungsverhalten (nur bei Führungsaufgaben)	✓	❒	❒	❒	• wird er beibehalten
• Mitarbeiterentwicklung (nur bei Führungsaufgaben)	✓	❒	❒	❒	• wird er beibehalten
4. Soziale und Führungskompetenz	100 %	75 %	50 %	25 %	
• Zusammenarbeit	✓	❒	❒	❒	• wird er beibehalten
• Zielorientiertes Arbeiten und Überzeugungskraft	❒	✓	❒	❒	• wird er beibehalten
• Führungsverhalten (nur bei Führungsaufgaben)	❒	❒	✓	❒	• kann er verbessern: Unterstützung durch Vorgesetzte und Personalentwicklung
• Mitarbeiterentwicklung (nur bei Führungsaufgaben)	❒	❒	✓	❒	• kann er verbessern: Unterstützung durch Vorgesetzte und Personalentwicklung

Abb. 19: *Das Potential von Willi Blum*

Das Ergebnis der Beurteilung von Willi Blum zeigt deutlich, daß er fachlich sehr gut ist. Sein Defizit liegt in der Führung von Mitarbeitern und in der Präsentation seines Teams nach außen. Er hat keine Erfahrung in diesen Aufgaben. Deshalb ist es jetzt wichtig, daß er möglichst schnell diese Aufgaben zu bearbeiten lernt. Denn ansonsten wird er wenig Spaß und Freude an seiner Führungsfunktion haben, und diese Aufgaben werden vielleicht überhaupt nicht wahrgenommen.

Seine bisherige Chefin arbeitet für Willi Blum eine Zielvereinbarung aus. Diese Zielvereinbarung ist die Basis für die Einarbeitung von Willi Blum in seine neue Führungsfunktion.

Sie bespricht diese Zielvereinbarung mit Willi Blum in einem persönlichen Gespräch. Es ist auch für sie sehr wichtig, daß Willi Blum möglichst rasch und selbständig alle Aufgaben, die im Rahmen dieser Teamführung anfallen, übernimmt. Denn erst dann kann sie sich zu 100 % um ihre neue Aufgabe, die Projektleitung, kümmern.

Zielvereinbarung von: Willi Blum **Vorgesetzte:** Anna Sonne	
Ziel (Wo will ich hin?)	• Sicheres Auftreten in gewohnten und ungewohnten Umgebungen • Unangenehme Kunden werden gepflegt • Das Team von Willi Blum ist im Unternehmen bekannt • Mitarbeiter aus dem Team werden entwickelt
Meßgröße (Wie sehe ich das Erreichte?)	• Geringere Nervosität (Lampenfieber) • Freue mich auf „öffentliche" Anlässe • Kundenkontakt mit unangenehmen Kunden ist höher als heute • Kurzpräsentation zum Team erstellen • Gelegenheiten für eine Vorstellung des Teams nutzen • Mitarbeitereinschätzung liegt vor: Schlüsselpersonen und kritische Mitarbeiter sind bekannt • Mitarbeiterförderplan liegt vor • Zielvereinbarung mit Mitarbeiter ist gemacht

Maßnahmen / Handlungen
(Was mache ich?)
	• Nutze Gelegenheiten für spontane Gespräche, Kurzpräsentation, Besprechungsführung
	• Regelmäßige Termine mit allen Kunden
	• Bei außerordentlichen Fällen: Gespräch mit Kunden abmachen und führen
	• Präsentationstechniken
	• Anwendung der Führungsinstrumente:
	  • Mitarbeitereinschätzung
	  • Potentialbeurteilung
	  • Zielvereinbarung

Fördermaßnahmen (Was brauche ich?)	• Übungsmöglichkeiten • Ausbildung in Präsentationstechniken, Gesprächsführung • Gesprächsvorbereitung, -durchführung, -nachbereitung • Support von Chefin • Mache mit ihm Termine ab • Führe regelmäßig ein „Coachgespräch"mit ihm
Termin (Bis wann?)	
Ort, Datum: ______________ Unterschrift Mitarbeiter: ______________ Unterschrift Vorgesetzter: ______________	

Abb. 20: *Zielvereinbarung mit Willi Blum*

Fazit

Mitarbeiterförderung hilft Ihnen, aus Ihren Mitarbeitern erfolgreiche Mitarbeiter zu machen. Damit Ihre Mitarbeiter in ihrer Aufgabe wachsen können, muß klar sein, wo sie heute mit ihrem Know-how und ihrem Verhalten stehen, und wo sie in Zukunft sein wollen. Wenn die Ziele geklärt sind, dann kann die Umsetzung erfolgen. Bei der Mitarbeiterförderung ist unbedingt darauf zu achten, daß ein Mitarbeiter eine neue Aufgabe nicht nur z. B. in einem Seminar kennenlernt, sondern daß er diese Aufgabe auch tatsächlich bearbeiten lernt. Denn die eigentlichen Schwierigkeiten werden sich erst in der täglichen Praxis zeigen. Deshalb müssen Sie als Vorgesetzter dafür Sorge tragen, daß Ihre Mitarbeiter neue Aufgaben wahrnehmen und sich dadurch weiterentwickeln.

Ich will konstruktive und motivierte Mitarbeiter

3

Du bist nicht nur verantwortlich für das, was Du tust, sondern auch für das, was Du nicht tust.

Wir leben heute in einer Zeit, die von Lean-Management geprägt ist. Das bedeutet, daß heute Führungskräfte in der gleichen verfügbaren Zeit mehr Mitarbeiter direkt führen müssen als vor ein paar Jahren. Sie als Chef haben keine bzw. zu wenig Zeit dafür, sich um die Wiedergutmachung der Fehler Ihrer Mitarbeiter zu kümmern. Im Klartext heißt das: Sie müssen dafür sorgen, daß Ihre Mitarbeiter zuverlässig, motiviert und konstruktiv arbeiten.

Mitarbeiter, die nörgeln und nerven, sind in der Wirkung wie Produkte, die fehlerhaft sind. Die schlechte Qualität spricht sich sehr schnell herum und färbt auf die verantwortliche Stelle ab, und es erfordert viel Aufwand, den Schaden im Rahmen zu halten.

Eine Führungskraft, die ihre Personalprobleme nicht löst, wird für die Fehler und Schwierigkeiten, die durch diese problematischen Mitarbeiter verursacht werden, verantwortlich gemacht. Letztendlich ist dann auch der Chef, der destruktive Mitarbeiter duldet, ein Personalproblem.

Sich mit schwierigen Mitarbeitern auseinandersetzen bedeutet, die problematischen Mitarbeiter identifizieren, klare Erwartungen an sie formulieren, im Gespräch verbindliche Abmachungen treffen und die Umsetzung der Abmachungen überwachen.

Der problematische Mitarbeiter hat zwei Möglichkeiten: Entweder er zieht mit Ihnen mit und ändert sein Verhalten entsprechend Ihren Erwartungen, oder er kümmert sich um eine andere Wirkungsstätte.

Sie als Führungskraft haben beschränkt Zeit, Ihre Personalprobleme zu lösen. Im schlimmsten Fall bedeutet das auch, eine Kündigung auszusprechen. Dies sollte nicht der Normalfall sein. Wenn allerdings der schwierige Mitarbeiter nicht bereit ist, seinen Teil zu leisten, dann müssen Sie die ihm bekannten Konsequenzen auch umsetzen. Falls Sie im letzten Moment weich werden, wirken Sie nach außen unglaubwürdig. Jede konsequente oder inkonsequente Bearbeitung eines Personalproblems hat nach außen Signalwirkung.

3.1 Warum ist es wichtig, sich mit schwierigen Mitarbeitern auseinanderzusetzen?

Beispiel

Theo Baum ist einer Ihrer problematischen Mitarbeiter. Er arbeitet in verschiedenen Aufgaben unbefriedigend und wehrt sich stark gegen Ihre Unterstützung. Er fühlt sich ungerecht behandelt und möchte mehr Verantwortung. Sie führen mit ihm lange Diskussionen über diverse Themen, die wenig Früchte in der Umsetzung tragen. Theo Baum passieren immer wieder größere Fehler bei seiner Arbeit, und anstatt sich auf die Begrenzung des Schadens zu konzentrieren, investiert er viel Zeit und Energie in die Darstellung, weshalb er dafür nicht verantwortlich ist. Sie können mit dieser Situation nicht länger leben, denn diese Fehler fallen letztendlich auf Sie zurück. Ihre Kollegen, Chefs und Mitarbeiter erwarten von Ihnen, daß Sie sich um diese Probleme kümmern.

- „Problemmitarbeiter" verbrauchen Ihre Zeit und Energie, und ihr Nutzen ist minimal. Sie haben wenig Zeit zur Verfügung und müssen deshalb Ihre Führungszeit optimieren.
- Problemmitarbeiter nutzen ihre Zeit, um Ihnen Schaden zuzufügen. Wenn Sie als Führungskraft geschwächt sind, wenn z. B. über Sie schlecht geredet wird, dann haben diese Mitarbeiter mehr Freiraum, ihren eigenen Interessen nachzugehen.
- Ein schlechter Mitarbeiter verwirrt, sucht Einfluß auf Kollegen, Kunden und andere Vorgesetzte zu nehmen. Er baut Blöcke auf, die Ihre Zielsetzung behindern. Gleichzeitig nehmen Ihre Schlüsselpersonen wahr, wie andere Vorgesetzte mit Problemfällen umgehen. Ihre mögliche Passivität wird als Schwäche interpretiert, und diese Schlüsselpersonen investieren dann ebenfalls Zeit in unproduktives Blöckebilden.

Tue es oder tue es nicht, aber versuche es nicht.

- Schlüsselpersonen wandern ab (kündigen oder wechseln intern), die schwierigen Mitarbeiter bleiben und ziehen weitere problematische Mitarbeiter an.

3.2 Wie führen Sie schwierige Mitarbeiter?

Problematische Mitarbeiter identifizieren

In der Mitarbeitereinschätzung beurteilen Sie Ihre Mitarbeiter. Sie greifen jetzt auf Ihre Ergebnisse aus der Mitarbeitereinschätzung zurück. Hier ist die Einschätzung des Mitarbeiters in seiner Selbständigkeit bezüglich einzelner Aufgaben die Basis (siehe Kapitel „Mitarbeiter einschätzen“, v. a. „Mitarbeiterblatt“). Diese Einschätzung liefert Fakten. Sie können Ihre Einschätzung in einem Gespräch mit diesem Mitarbeiter direkt nutzen. Sie zeigen dem Mitarbeiter auf, bei welchen Aufgaben er welche Verhaltensweisen zeigte, und erläutern ihm die daraus resultierende Bedeutung. Diese Bewertung „kann/kann nicht“ und „will/will nicht“ ist sehr einfach und dadurch für jeden verständlich. Somit haben Sie Fakten für Ihr Gespräch.

Beim Führen von schwierigen Mitarbeitern muß die Bereitschaft da sein, auch die letzte Konsequenz zu ziehen, d. h. die Kündigung.

Für einen Gesamtüberblick helfen Ihnen auch die Instrumente „Lust-Frust-Bilanz“ und „Leistungsbilanz“ (s. Kapitel „Mitarbeiter einschätzen“).

Problematische Mitarbeiter sind:

- Personen, die auf der Sach- und/oder auf der Beziehungsebene das Anforderungsprofil nicht erfüllen und die geforderte Leistung nicht erbringen.
- Personen, die auf der Beziehungsebene viel Mühe machen und viel einfordern: z. B. Nörgler, „Negaholiker“, Jammerer, Trittbrettfahrer; Spielregeln- und Abmachungsbrecher, Süchtige (Alkohol, Drogen etc.), Personen, die privat über Jahre ihre Angelegenheiten nicht geordnet bekommen und andere dazu nutzen, ihre Probleme zu regeln, Problemgenerierer statt Problemlöser, „die-Anderen-sind-schuld“-Verteidiger.
- Mitarbeiter, die Ihre Zeit kosten und die Ihnen kaum etwas dafür an Unterstützung geben.

Das Mitarbeitergespräch vorbereiten

Nachdem Sie sich ein klares, „mit Farben unterlegtes“ Bild vom Mitarbeiter gemacht haben, reden Sie mit dem Mitarbeiter über die Situation und treffen deutliche Abmachungen mit ihm. Sie kennen die Selbständigkeitsgrade bei den einzelnen Aufgaben des Mitarbeiters und Sie haben je eine Lust-Frust-Bilanz und eine Leistungsbilanz erstellt.

Für das Mitarbeitergespräch ist eine saubere Vorbereitung entscheidend. Klare Gesprächsziele sichern den Verhandlungserfolg.

Folgende Fragen können für Ihre Gesprächsvorbereitung wichtig sein:

- Welche Verhaltensweisen sind ausschlaggebend dafür, daß dieser Mitarbeiter ein problematischer Fall ist?
- Welchen Selbständigkeitsgrad hat dieser Mitarbeiter bei welchen Aufgaben?
- Welchen Führungsstil wenden Sie bei diesem Mitarbeiter an?
- Wieviel Anläufe werden benötigt, bis dieser Mitarbeiter Ergebnisse liefert?
- Welchen Nutzen bringt dieser Mitarbeiter? Was gibt dieser Mitarbeiter?
- Wieviel Aufwand müssen Sie und andere für diesen Mitarbeiter betreiben? Was nimmt dieser Mitarbeiter z. B. an
  - Zeit
  - Ausbildung
  - Gehalt
  - Sonderrechten
  - etc.

  für sich in Anspruch?
- Was wollen Sie mit diesem Mitarbeiter in
  - einem Monat
  - einem halben Jahr
  - einem Jahr erreichen?
- In welchem Rahmen können Sie selbst bezüglich dieses Mitarbeiters Entscheidungen treffen?
- Von welchem Personen oder Stellen brauchen Sie Unterstützung?

Abb.21: *Fragen für die Vorbereitung eines kritischen Mitarbeitergesprächs.*

In diesem Gespräch setzen Sie die straffen Führungsstile **F1 (Anweisen)** und **F2 (Überzeugen)** ein. Denn der Mitarbeiter kann offensichtlich seine Aufgabe nicht, vielleicht will er sie auch nicht machen. Er befindet sich entweder im Selbständigkeitsgrad S2 oder sogar S1. Sie sagen dem Mitarbeiter klar, was Ihre Beurteilung ist, informieren ihn über das weitere Vorgehen, stellen ihm Ihre Erwartungen an ihn dar. Sie dominieren das Gespräch und reden weit über 50 % der Zeit.

Die Grundlagen für dieses Gespräch sind:

- das Mitarbeiterblatt,
- die Lust-Frust-Bilanz,
- die Leistungsbilanz.

Das Mitarbeiterblatt, die Lust-Frust-Bilanz und die Leistungsbilanz dokumentieren den IST-Zustand. Die Zielvereinbarung enthält Ihre Erwartungen und die Abmachungen für die Zukunft, d. h. den SOLL-Zustand.

Sie überlegen sich:
- Was sind meine Gesprächsziele?
- Was sind die Gesprächsziele aus der Sicht des Mitarbeiters?

Teilnehmer: ________________ **Datum/Ort:** ________________
________________ **Sonstiges:** ________________
____

1. Was ist mein Hauptziel?
2. Welche Punkte könnten/müssen zur Sprache kommen?
3. Welche Entscheidungen könnten/müssen getroffen werden?

***

4. Was muß ich erreichen?
5. Was muß ich vermeiden?

***

6. Was muß mein Gesprächspartner erreichen?
7. Was muß mein Gesprächspartner vermeiden?

***

8. Welche Ziele decken sich?
9. Wo liegen unsere möglichen Zielkonflikte?
10. Wo fehlen noch Informationen?

Abb. 22: *Die Gesprächsvorbereitung sichert Ihren Verhandlungserfolg.*

In solchen Gesprächen müssen Sie vermutlich auch für den Mitarbeiter unangenehme Dinge aussprechen. Themen, Situationen, die den Mitarbeiter auf der emotionalen Ebene treffen, formulieren Sie in Form von Ich-Botschaften. Ich-Botschaften beschreiben einen Zustand und die entsprechende Wirkung.

Beispiel

Beispiel einer Ich-Botschaft:
Wenn Sie am Morgen zu spät kommen, ist unsere Hotline nicht besetzt, und das kostet meine Zeit und ärgert mich.

Mittels der folgenden Struktur formulieren Sie eine Ich-Botschaft:
1. das Problem im Verhalten,
2. die Wirkung, die durch das Verhalten ausgelöst wird und
3. das Gefühl, das ich empfinde.

Damit Sie das sofort umsetzen, hier die Schritte für Ihr Vorgehen:
1. **Überlegen** Sie sich eine problematische Situation mit einem Mitarbeiter, die Sie klären werden.
2. **Notieren** Sie sich eine vollständige Ich-Botschaft mit allen drei Teilen.
3. **Klären Sie**, welches Verhalten starke negative Gefühle bei Ihnen hervorruft.

	1. Beschreibung des Verhaltens (Ursachen Ihres Problems)	2. Äußere Wirkungen und Konsequenzen	3. Spürbare Empfindungen und Gefühle
Zu Ihren Aufgaben als Vorgesetzter gehört eine monatliche graphische Präsentation der Auftragslage. Jedesmal, wenn Sie das vor Ihren Mitarbeitern durchführen, hinterfragt ein Mitarbeiter die absolute Genauigkeit.	Wenn Sie bei jeder Präsentation die Genauigkeit hinterfragen,	hält das meine Arbeit auf,	und das verunsichert und ärgert mich

Abb. 23: *Mittels Ich-Botschaft wird das eigene Anliegen klar und unmißverständlich mitgeteilt.*

Das Mitarbeitergespräch führen

Es folgen einige Hinweise, wie Sie das Gespräch wirksam führen können. Dabei wiederholen sich hier einige Punkte, wie sie im Kapitel „Wie fordern und fördern Sie Ihre Mitarbeiter? – Wie stelle ich sicher, daß er dahin kommt?“ bereits aufgeführt wurden.

- Für das Gespräch achten Sie darauf, daß genügend Zeit zur Verfügung steht (sowohl von Ihrer Seite, als auch vom Mitarbeiter).
- Sie lassen keine Störungen durch das Telefon zu.
- Sie halten Abmachungen und Ergebnisse schriftlich fest.
- Zu Beginn des Gespräches erläutern Sie dem Mitarbeiter Ihre Ziele.
- Sie müssen beide mit ihren Gedanken im Gespräch sein; Ihr Kopf ist von anderen Themen unbelastet.
- Sie führen das Gespräch und sagen dem Mitarbeiter, bis wann und mit wem er welches Ergebnis erreichen wird.
- Sie reden während des Gesprächs über 50 % aufgabenbezogen.

Sie achten nach dem Gespräch im wöchentlichen Rhythmus darauf, daß die Abmachungen zwischen Ihnen und Ihrem Mitarbeiter von Zeit zu Zeit von Ihnen verifiziert und evtl. nachbearbeitet werden. Es ist jetzt sehr wichtig, daß Sie es dieses Mal schaffen, Ihre Ziele zu verwirklichen,

und sich der Mitarbeiter an die Abmachungen hält. Falls er die Vereinbarungen nicht einhält, müssen Sie die Konsequenzen daraus in die Wege leiten. Dies kann eine mündliche oder schriftliche Abmahnung sein, ein weiteres Gespräch, im Wiederholungsfall sogar der Ausspruch der Kündigung. Ihre Mitarbeiter müssen spüren, daß Vereinbarungen, die Sie mit ihnen treffen, ernst gemeint sind, und daß bei Nichteinhaltung Konsequenzen auf sie zukommen.

3.3 Ein Beispiel, wie schwierige Mitarbeiter geführt werden

Theo Baum soll die Verantwortung für ein Produkt übernehmen und seine Arbeit fehlerfrei und zuverlässig durchführen. Damit dies möglich ist, muß er straff geführt werden.

Die Einschätzung des Selbständigkeitsgrads bei den einzelnen Aufgaben sieht für Theo Baum folgendermaßen aus:

- Theo Baum kann und will einige der aufgeführten Aufgaben nicht bearbeiten.

Initialen (Mitarbeiterin/Mitarbeiter): Theo Baum

Aufgabensituation	Mitarbeiterverhalten	S	mein Verhalten	F
1. Tägliche und Ausnahmeaufgaben in der Arbeitsvorbereitung bearbeiten.	Theo Baum bearbeitet Routineaufgaben im großen und ganzen zuverlässig und in angemessener Zeit.	**S4**	Ich lasse ihn selbständig arbeiten.	**F4**
	Aufgaben, die in Ausnahmesituationen auftreten und die große Sorgfalt und Konzentration erfordern, machen ihm manchmal Mühe.	**S1/ S2**	Ich beobache ihn und sorge für zuverlässige Unterstützung, wenn es kritisch wird.	**F1**
2. Einarbeitung in ein für ihn neues Datenverwaltungsprogramm.	Theo Baum arbeitet nach seinem Raster. Solche Situationen sind für ihn neu. Er kommt relativ langsam vorwärts. Er argumentiert und nörgelt immer wieder.	**S1**	Ich lasse ihn seinen eigenen Weg gehen.	**F4**

Aufgabensituation	Mitarbeiterverhalten	S	mein Verhalten	F
3. Unter Anleitung Aufgaben in der Datenbankadministration bearbeiten.	Theo Baum hält sich widerwillig an die Anweisungen.	S1	Ich sage ihm genau, welche Schritte er in welcher Reihenfolge bis wann zu erledigen hat. Ich kontrolliere ihn alle 2 Tage.	F1
4. Für ein neues Produkt in der Datenbankadministration die Verantwortung übernehmen.	Theo Baum argumentiert bezüglich des Vorgehens. Er akzeptiert zum Teil meine Vorgaben. Er freut sich darüber, daß er nun auch die Möglichkeit hat, für ein Produkt selbst verantwortlich zu sein. Aus seiner Sicht war dies schon längst fällig.	S1	Ich sage ihm, was zu tun ist, und habe wöchentlich einen Termin mit ihm. An diesen wöchentlichen Meetings kontrolliere ich das Erledigte, und wir besprechen die nächsten Schritte.	F1

Abb. 24: *Aufgabenverhalten von Theo Baum und mein Führungsverhalten*

- Die Lust-Frust-Bilanz bestätigt, daß es sich bei Theo Baum um einen schwierigen Mitarbeiter handelt:

Lust	Frust
	• Theo Baum überschätzt sich • Ich muß mein Vorgehen rechtfertigen. • Viel Energie geht in Diskussionen bezüglich Vorgehen verloren. • Er stellt sich bockig. • Es fällt mir schwer, ihn zu fördern.

Abb. 25: *Lust-Frust-Bilanz zu Theo Baum*

- Auch die Leistungsbilanz zeigt, daß Theo Baum mehr Mißerfolge als Erfolge erzielt:

Erfolg	Mißerfolg
• Zuverlässig in der Arbeitsvorbereitung bei Routinetätigkeiten.	• Aufgaben gehen manchmal schief. • Erfüllt fachliche Anforderungen nicht. • Unterschätzt unternehmerische Bedeutung der Datenbankadministration. Ein Fehler hier kann das Unternehmen für eine gewisse Zeit stillegen. • Hat wenig bis keine Erfahrung in der Datenbankadministration.

Abb. 26: *Leistungsbilanz zu Theo Baum*

Theo Baum fehlt nicht nur das Können, sondern auch der Wille und die Einsicht für die geforderten Aufgaben. Es reicht nicht aus, ihm die Aufgaben inhaltlich und sachlich zu erläutern, sondern auch die Beziehung zwischen ihm und seiner Vorgesetzten muß verbessert werden. Seine Vorgesetzte muß auch emotional schwierige Themen aussprechen und mit ihm klären.

- Die Ich-Botschaft hilft, schwierige Themen mit Anstand auszusprechen:

	1. Beschreibung des Verhaltens (Ursachen Ihres Problems)	2. Äußere Wirkungen und Konsequenzen	3. Spürbare Empfindungen und Gefühle
Diskussionen um das Vorgehen bei der Einarbeitung in das neue Produkt	Wenn Sie bei jedem Vorschlag bezüglich der nächsten Schritte anfangen, darüber zu diskutieren, wie man es anders machen könnte,	hält das uns (Sie und mich) bei unserer eigentlichen Arbeit auf,	und das verunsichert und ärgert mich.

Abb. 27: *Mit Hilfe einer Ich-Botschaft drücke ich unmißverständlich aus, daß ich das Verhalten des Mitarbeiters nicht akzeptiere.*

Gesprächsvorbereitung

Teilnehmer: Anna Sonne und Theo Baum
Datum/Ort: 01.03.96/Büro von Anna Sonne **Sonstiges:** __________

1. **Was ist mein Hauptziel?**
   Theo Baum konzentriert sich in Zukunft auf seine eigentliche Aufgabe: Er arbeitet sich möglichst rasch in das neue Produkt ein. Er akzeptiert mein Vorgehen. Er kann alle Aufgaben, die in diesem Zusammenhang anfallen, kompetent lösen.

2. **Welche Punkte könnten/müssen zur Sprache kommen?**
   Verhalten von Theo Baum: Diskussion um das Vorgehen, Inhalte des Mitarbeiterblatts, Lust-Frust-Bilanz, Leistungsbilanz.

3. **Welche Entscheidungen könnten/müssen getroffen werden?**
   Theo Baum akzeptiert seine Rolle und mein Vorgehen. Er übernimmt die ihm angebotene Produktverantwortung, das bedeutet, er arbeitet sich möglichst schnell in das für ihn neue Produkt ein. Er fordert Unterstützung an, wenn er sich unsicher fühlt, und läßt sich helfen.

4. **Was muß ich erreichen?**
   - sachliche Diskussion
   - Theo Baum ist willig, sein Verhalten zu ändern.
   - Theo Baum verhält sich nicht länger bockig, sondern konstruktiv.
   - klare Zielvereinbarung mit Theo Baum

5. **Was muß ich vermeiden?**
   - emotionale Diskussion: Krach
   - Theo Baum sagt JA. Es gibt keine Abmachungen. Er verhält sich genauso wie vor dem Gespräch.

6. **Was muß mein Gesprächspartner erreichen?**
   Die Möglichkeit, diese Produktverantwortung wahrzunehmen, möchte er nicht verlieren.

7. **Was muß mein Gesprächspartner vermeiden?**
   - Konfrontation mit mir
   - eine Zurückversetzung in die Arbeitsvorbereitung

8. Welche Ziele decken sich?
Theo Baum soll die Produktverantwortung wahrnehmen.

9. Wo liegen unsere möglichen Zielkonflikte?
- in der Einschätzung der Selbständigkeit
- im Vorgehen
- Bedeutung von Produktverantwortung (was sind die Anforderungen, die Ansprüche?)

10. Wo fehlen noch Informationen ?
- Ziele von Theo Baum: Wie wichtig ist ihm seine Stelle bei uns?
- Hat er bereits innerlich gekündigt?

Abb. 28: *Die Gesprächsvorbereitung hilft bei der Klärung des Gesprächsrahmens und vermeidet unangenehme Überraschungen.*

Die entscheidenden Ergebnisse aus diesem Gespräch werden in einer Zielvereinbarung festgehalten. Die Überprüfung dieser Abmachungen wird ebenfalls in diesem Gespräch festgelegt.

Fazit

Damit Sie konstruktive und motivierte Mitarbeiter haben, müssen Sie Ihre Problemfälle bearbeiten. Es kann zwar sein, daß sich ein Problemfall auch ohne Ihr Zutun erledigt, dies wird jedoch eher die Ausnahme sein. Der erste Schritt in dieser Führungsaufgabe ist die Identifikation Ihrer problematischen Mitarbeiter. Anschließend überlegen Sie sich Möglichkeiten für diese Mitarbeiter und machen mit Ihnen im persönlichen Gespräch das weitere Vorgehen ab. Diese Abmachungen überwachen Sie in einem sinnvollen zeitlichen Rahmen und treffen aufgrund des Verhaltens des Mitarbeiters Ihre Entscheidung. Wenn ein Mitarbeiter die vereinbarten Ziele erreicht, können Sie mit ihm weiterarbeiten. Wenn ein Mitarbeiter trotz konkreter Zielvereinbarung nach wie vor Schwierigkeiten macht, kann es auch zu einer Kündigung kommen. Sie klären für sich, wie lange eine „Leidensgeschichte“ andauern darf.

Ich möchte die besten Mitarbeiter einstellen

4

Die Einstellung neuer Mitarbeiter ist von großer Bedeutung. Zum einen bietet sie die Chance, neues Know-how zu bekommen. Zum anderen sind mit der Einstellung enorme Kosten verbunden, das heißt ein Fehlgriff sollte weitestgehend vermieden werden.

Zum Einstellungsprozeß zählen die Vorbereitung der Einstellung, der Bewerbungsprozeß und die Mitarbeitereinführung und -einarbeitung.

Zur Vorbereitung der Einstellung gehören:

- evtl. die Kündigung eines Mitarbeiters,
- das Anforderungsprofil anhand der Stellenbeschreibung definieren,
- die Stellenanzeige formulieren und diese an die entsprechenden Medien weiterleiten.

Der Bewerbungsprozeß beginnt mit dem Eingang von Bewerbungsunterlagen. Diese Bewerbungsunterlagen werden beurteilt, interessante Bewerber werden zu einem Gespräch, evtl. zu einem zweiten Gespräch und/oder zu einem Test eingeladen. Der Abschluß des Bewerbungsprozesses ist die Entscheidung für bzw. gegen die einzelnen Kandidaten.

Es wird nirgendwo soviel geblufft, wie in bierseligen Männerrunden und bei Einstellungsgesprächen. Der Bewerber und der Einstellende zeigen die Firma und sich von der Sonnenseite.

Die Mitarbeitereinführung und -einarbeitung bereiten Sie am besten vor, bevor der neue Mitarbeiter seine Stelle antritt, damit die notwendigen Dinge, wie z. B. der Arbeitsplatz, am ersten Arbeitstag des Mitarbeiters parat stehen.

4.1 Warum ist es wichtig, daß Sie sich um die Mitarbeitereinstellung kümmern?

Beispiel

Die beiden Versicherungsunternehmen „Allversicherung“ und „Bestversicherung“ schließen sich zusammen. Sie sind übereingekommen, das vorhandene Marktsegment gemeinsam zu nutzen. Die bestehenden Kundendatenbanken passen natürlich nicht zusammen, und es erscheint nicht sinnvoll, zwei Kundendatenbanken parallel nebeneinander aufrechtzuerhalten und zu pflegen. Zudem sind nicht alle Vertriebseinheiten an die bestehenden Kundendatenbanken online angeschlossen. Die Konzernleitung beschließt daher, die Einführung einer einheitlichen Kundenverwaltung im Konzern als strategisches Projekt sobald als möglich zu starten. Diese Aufgabe ist umfangreich und äußerst anspruchsvoll. Für dieses Projekt wird ein vollamtlicher und erfahrener Projektleiter benötigt.

Einen neuen Mitarbeiter für diese Aufgabe einzustellen, bietet die Chance, für den Integrationsprozeß der beiden Unternehmen jemanden zu finden, der Erfahrung in der Zusammenführung zweier Unternehmen hat und sich objektiv verhält.

Der Nutzen bei einer Einstellung von Mitarbeitern ist:

- Durch neue Mitarbeiter bekommen Sie zusätzliches Know-how, das nur von außen geliefert werden kann.
- Es können Mitarbeiter angestellt werden, die in Ihr Umfeld passen.
- Sie suchen die Person, die das von Ihnen erwartete Anforderungsprofil am besten erfüllt.
- Sie können durch einen neuen Mitarbeiter die fehlenden Stärken in Ihrem Team abdecken.

Eine Neueinstellung kostet Sie erfahrungsgemäß und je nach Funktion ca. 12 Monatslöhne. Das bedeutet, Sie dürfen bei Ihrer Wahl keinen Fehlgriff machen.

Falls Sie sich falsch entscheiden, werden Sie mehrfach bestraft:

- Sie müssen Ihrem neu eingestellten Mitarbeiter kündigen.
- Die Aufgabe, die der neue Mitarbeiter übernehmen soll, muß entweder von Kollegen erledigt werden, oder sie bleibt erst einmal liegen.

- Sie müssen das Einstellungsprozedere noch einmal durchführen. Sie bekommen möglicherweise Druck von Ihrem eigenen Vorgesetzten oder von Kollegen, weil schon wieder Unruhe ins Tagesgeschäft kommt.

Es lohnt sich daher auf jeden Fall, sich um eine Neueinstellung sorgfältig zu kümmern.

4.2 Wie stellen Sie gute Mitarbeiter ein?

Der Ablauf einer Bewerbung

Ein Bewerbungsprozeß gliedert sich in ganz bestimmte Phasen. Wenn Sie für sich zu jedem Zeitpunkt Ihrer Einstellungsaktivitäten Ihren Standpunkt klären, werden Ihnen Inhalt und Bedeutung der jeweiligen Aktivitäten transparent.

Die Phasen des Bewerbungsprozesses

1. Bewerbungsprozeß vorbereiten
• (Eventuell) Kündigung des gegenwärtigen Mitarbeiters • Anforderungsprofil erstellen • Stellenbeschreibung ausarbeiten
2. Mögliche **Kandidaten ansprechen**
• Stellenausschreibung intern und/oder per Zeitungsinserat • Personalvermittler einschalten
3. Direktansprache möglicher Kandidaten
• Bewerberauswahl • Bewerbungsunterlagen • Psychologische Tests • Assessment-Center
4. Bewerbungsgespräche führen
• Referenzen einholen

5. Entscheidung für/gegen Bewerber
• Bewerberbeurteilung durchführen
6. Anstellung, Einführung neuer Mitarbeiter
• Arbeitsvertrag erstellen • Einführungsprogramm erstellen • Ausbildungsprogramm definieren und durchlaufen

Das Anforderungsprofil

Das Anforderungsprofil stellt die fachlichen und persönlichen Aspekte dar, die ein Bewerber zur Erfüllung der Aufgabe, d. h. der Stellenbeschreibung, braucht.

Das Anforderungsprofil kann gleiche Gliederungspunkte wie die Mitarbeiterbeurteilung beinhalten. Im Anforderungsprofil formulieren Sie, wie groß Ihre Erwartung zur Erfüllung dieser Anforderung ist. Ihre Anforderung kann erfüllt werden, wenn z. B. jemand **Kenntnisse** darüber **hat** oder für diese Aufgabe **die Verantwortung getragen hat**. Sie definieren die erforderliche Selbständigkeit für diese Aufgabe.

1.	Lehre erforderlich?	❒ nein ❒ ja, und zwar:
2.	Studium erforderlich?	❒ nein ❒ ja, und zwar: *FH/TH*
3.	Schwerpunkt	*Konstruktion, Anlagenbau, Thermodynamik*
4.	erforderliche Berufs- erfahrung in Jahren	*mehr als 7!*
5.	spezielle Branchen- kenntnisse erforderlich?	❒ nein ❒ ja, und zwar: *Computerbranche*
6.	erforderliche Kenntnisse aus anderen Fachbereichen?	❒ nein ❒ ja, und zwar:
7.	EDV-Kenntnisse erforderlich?	❒ nein ❒ ja, und zwar: *Host und PC-Welt*
8.	Führungserfahrung erforderlich?	❒ nein ❒ ja, und zwar: *Projektarbeit* *führen von mehr als* *10 Mitarbeitern*
9.	Fremdsprachen	Fertigkeit hohe keine Englisch ----✗----------------------------------- Französisch -------------------------------✗-------- Italienisch ---------------------------------------✗- ---
10.	Alter:	von: *40* bis: *45*
11.	Gesundheitszustand: Einsatz Schwerbehinderter möglich?	❒ nein ❒ ja, und zwar:
12.	Führerschein(e) erforderlich?	❒ nein ❒ ja, und zwar: III
13.	Psychologische/soziologische Voraussetzungen:	

13. Psychologische/soziologische Voraussetzungen:	unverzichtbar	wichtig	0	weniger wichtig	nicht relevant
analytisches Denkvermögen				✗	
Kreativität	✗				
Innovationskraft	✗				
Eigeninitiative		✗			
Flexibilität		✗			
Belastbarkeit	✗				
Kommunikation			✗		
Auftreten/Aussehen				✗	
Teambereitschaft	✗				
Durchsetzungsvermögen		✗			
Integrationskraft	✗				
Repräsentationsfähigkeit					✗

Abb. 29: *Das Anforderungsprofil gibt die fachlichen und persönlichen Voraussetzungen und Qualifikationen wieder, die ein Bewerber zur Erfüllung seiner Funktion braucht.*

Die Bewerbungsunterlagen

Die Bewerbungsunterlagen vermitteln Ihnen einen ersten Eindruck des Bewerbers. Oft ist es die einzige Chance, aus einer großen Menge an Bewerbern eine Auswahl zu treffen, die dann in Gesprächen näher angeschaut werden. Die folgende Checkliste gibt Ihnen eine Reihe von Kriterien an die Hand, die Sie für die Beurteilung der Bewerbungsunterlagen anwenden können.

Checkliste zur Analyse von Bewerbungsunterlagen	Vorhanden ja
Formale Analyse	
• Die Bewerbungsunterlagen sind sauber und in einer sinnvollen Reihenfolge.	❐
• Angaben in Unterlagen und Zeugnissen sind ausführlich und geben einen differenzierten Überblick.	❐
• Angaben im Lebenslauf sind – inhaltlich und zeitlich – logisch und verständlich aufgeführt.	❐
• Die schriftliche Darstellung ist präzise, eindeutig und hat Aussagekraft.	❐
Inhaltliche Analyse	
• Die Schulen wurden selten gewechselt, Klassen wurden nicht oder kaum wiederholt.	❐
• Die Berufsausbildung wurde ohne Unterbrechung oder unverständlichen Wechsel zu Ende geführt.	❐
• Die Berufsausbildung wurde in der üblichen Zeit abgeschlossen.	❐
• Gute Ergebnisse ziehen sich durch alle Abschlußbeurteilungen durch.	❐
• Die Leistungs- und Interessenschwerpunkte sind differenziert und fachspezifisch.	❐
• Bisherige Stellenwechsel waren nicht zu häufig bzw. zu kurzzeitig.	❐
• Freiwillige Stellenwechsel wurden mit dem Ziel einer Verbreiterung der eigenen Erfahrungs- und Wissensbasis gemacht.	❐
• Bei freiwilligem Stellenwechsel wurden verantwortungsvollere und stärker herausfordernde Tätigkeiten übernommen.	❐
• Stellenwechsel aufgrund von Rationalisierung, Rezession oder unternehmerischen Veränderungen der bisherigen Unternehmen entsprechen der Wirklichkeit.	❐

Abb. 30: *Die Checkliste unterstützt die Auswertung der Bewerbungsunterlagen nach formellen und inhaltlichen Kriterien.*

Neben den oben erwähnten Kriterien überprüfen Sie die Unterlagen im Hinblick auf das Anforderungsprofil. Im Anforderungsprofil haben Sie festgelegt, welche Kenntnisse, Erfahrungen, Eigenschaften der zukünftige Stelleninhaber erfüllen soll. Wenn Sie nun die Bewerbungsunterlagen analysieren, dann prüfen Sie, welche dieser Eigenschaften der einzelne Bewerber mitbringt. Das Ergebnis der Analyse der Bewerbungsunterlagen ist:

- eine Gruppe mit Kandidaten, die Sie in einem ersten Durchgang zu einem Gespräch einladen,
- die zweite Gruppe halten Sie zurück, falls der erste Durchgang von Bewerbungsgesprächen erfolglos ist,
- für die dritte Gruppe schreiben Sie eine Absage.

Generell gilt für alle Bewerbungsunterlagen, daß Sie sie vertraulich behandeln. Das bedeutet, daß Sie

- ihren Eingang bestätigen, nachdem Sie sie erhalten haben,
- die Unterlagen an den Sender zurückschicken, wenn Sie sie nicht mehr benötigen.

Für die erste Gruppe starten Sie nun die Vorstellungsgespräche. Wie Sie sich darauf vorbereiten und wie Sie die Gespräche durchführen, erfahren Sie im nächsten Abschnitt.

Das Bewerbungsgespräch

Das Bewerbungsgespräch dient dazu, daß sich Bewerber und Unternehmen/Vorgesetzte näher kennenlernen. Im allgemeinen empfehlen wir, in der Regel zwei Bewerbungsgespräche durchzuführen. Es gibt beiden Seiten Sicherheit, den ersten Eindruck zu bestätigen bzw. zu verifizieren. Zudem können bei einem zweiten Gespräch alle Unklarheiten, die nach dem ersten noch offen sind, besprochen werden.

Das Bewerbungsgespräch können Sie als Vorgesetzter alleine mit dem Bewerber führen oder Sie nehmen eine zweite Person hinzu, z. B. den direkten oder den nächst höheren Vorgesetzten oder einen Vertreter aus der Personalabteilung. Denken Sie daran: Ziel des Bewerbungsgesprächs ist es, ein möglichst objektives Bild von dem Bewerber zu erhalten.

Nach dem Gespräch führen Sie eine Beurteilung, am besten schriftlich, zu diesem Bewerber durch. Wichtig sind Ihr Eindruck direkt nach dem Gespräch und evtl. eine zweite Einschätzung, z. B. einen Tag danach. Für Ihre Beurteilung können Sie das Anforderungsprofil nutzen und zusätzlich die Lust-Frust- oder die Leistungsbilanz.

Die folgenden Checklisten geben Ihnen einen Leitfaden, wie Sie ein Bewerbungsgespräch planen und wie Sie sich darauf vorbereiten können.

EINSTELLUNGSGESPRÄCH

Welche Punkte müssen im Bewerbungsgespräch zur Sprache kommen?

1. Gründe für die Veränderung

- bezogen auf die bisher ausgeübte Tätigkeit
- bezogen auf den angestrebten neuen Arbeitsplatz

2. Beruflicher Werdegang des Bewerbers

- Stufen der beruflichen Entwicklung
- besondere berufliche Interessen und Neigungen
- Weiterbildungsbemühungen

3. Persönliche und fachliche Eignung (bezogen auf die Anforderungen des Arbeitsplatzes

- fachliche Eignung
- persönliche Eignung
- Teamfähigkeit

4. Ziele und Aufgaben der Abteilung

- Ziel der Abteilung
- wesentliche Aufgaben des Bereiches

5. Neuer Arbeitsplatz und auszuführende Tätigkeitens

- Stellenbeschreibung
- Entscheidungsbefugnisse (Vollmachten)
- Vertretung
- Sonderaufgaben

6. Arbeitsbedingungen am neuen Arbeitsplatz

- Arbeitszeit
- Einsatzort, z. B. Außendienst
- Erschwernisse, z. B. Sonntagsarbeit
- Schichtdienst
- Zusammenarbeit mit anderen Bereichen
- Kontakte zu Stellen außerhalb des Hauses

7. Schwerpunkte in den Anorderungen (je nach Arbeitsplatz) z. B.
• Abstraktionsvermögen • Konzentrationsfähigkeit • Einsatzfreudigkeit • Kontaktfähigkeit • Phantasie, Kreativität • Selbständigkeit • Verkaufsverhalten
8. Entwicklungsmöglichkeiten auf dem neuen Arbeitsplatz
• Erwartungen des Bewerbers • tatsächliche Entwicklungsmöglichkeiten • Weiterbildungserwartungen und -möglichkeiten
9. Einordnung in den Bereichen
• hierarchische Stellung • direkter Vorgesetzter • Mitarbeiter
10. Gehaltliche Entwicklung
• Eingangsgruppe • stufenweise Eingruppierung unter Beachtung des Ausbildungsstandes

Abb. 31: *Die Checkliste zeigt die Besprechungspunkte für den Gesprächsablauf.*

Auf jeden Fall müssen Sie sich auch Gedanken darüber machen, was der Bewerber wissen soll – und zwar aus Ihrer und aus Unternehmenssicht. Wir bieten Ihnen dazu eine Checkliste, die Sie auf der Grundlage Ihrer Erfahrungen ergänzen können.

Checkliste **Was sollen Bewerber wissen – Unternehmersicht**	ja
• Die Bewerbungsunterlagen sind sauber und in einer sinnvollen Reihenfolge	❐
• Arbeitsbeschreibung	❐
• klares Unterstellungsverhältnis	❐
• klare Kompetenzabgrenzung deckungsgleich mit Verantwortung	❐
• Einarbeitungsplan	❐
• Kennenlernen des Arbeitsplatzes	❐
• offene Leistungsbeurteilung	❐
• leistungsbezogenes Entgelt	❐
• Förderungsmöglichkeiten	❐
• Entwicklungsmöglichkeiten	❐
• kompetente und kalkulierbare Vorgesetzte	❐
• …	❐

Abb. 32: *Die Checkliste hilft, das erste Gespräch vorzubereiten.*

Zielformulierung für mein Vorstellungsgespräch

Teilnehmer: ____________ **Datum/Ort:** ____________
____________ **Sonstiges:** ____________
____

1. Was ist mein Hauptziel?
2. Welche Punkte könnten/müssen zur Sprache kommen?
3. Welche Entscheidungen könnten/müssen getroffen werden?

***

4. Was muß ich erreichen?
5. Was möchte ich erreichen?
6. Was muß ich vermeiden?
7. Was möchte ich vermeiden?

***

8. Was muß mein Gesprächspartner erreichen?
9. Was möchte mein Gesprächspartner erreichen?
10. Was muß mein Gesprächspartner vermeiden?
11. Was möchte mein Gesprächspartner vermeiden?

***

12. Welche Ziele decken sich?
13. Wo liegen unsere möglichen Zielkonflikte?
14. Wo fehlen noch Informationen?

Abb. 33: *Zielformulierung für mein Bewerbergespräch.*

In der folgenden Liste finden Sie Fragen, die auf Sie zukommen können, wenn Sie als Führungskraft ein Einstellungsgespräch führen, oder die Sie selbst stellen sollten, wenn Sie sich beruflich verändern wollen und selbst in der Situation des Bewerbers sind.

Welche Fragen können/sollen Bewerber stellen?

1. Größe des Unternehmens und Umsatz?
2. Handelt es sich um eine aufstrebende oder eine stagnierende Branche?
3. Rolle des Marketing im Vertrieb des Unternehmens?
4. Bedient man sich moderner Werbe- und Verkaufsmethoden?
5. Die Stellung des Unternehmens im Markt?
6. Die Zahl der Mitarbeiter?

7. Die genaue Stellenbezeichnung?
8. Der genaue Aufgabenbereich und dessen Beschreibung?
9. Definiert der Aufgabenbereich sämtliche Unter- und Überstellungsverhältnisse genau?
10. Warum wird die Position ausgeschrieben?
11. Welche Bedeutung mißt man der Position bei?
12. Welche Aufstiegsmöglichkeiten werden geboten?
13. Befugnisse, Vollmachten, Verantwortlichkeiten?
14. Wie viele Mitarbeiter arbeiten im besprochenen Aufgabenbereich?
15. Die Altersvorstellungen des Unternehmens?
16. Ausbildungsgrad: Lehre, Fachhochschulabschluß, Abitur, Universitätsausbildung, Fremdsprachenkenntnisse, Spezialkenntnisse?
17. Welche Bedeutung hat die Teamarbeit?
18. Welche Personalführungsinstrumente gibt es?
19. Wird Laufbahnentwicklung betrieben?
20. Wird ausdrücklich Durchsetzungsvermögen verlangt?
21. Verlangt man unternehmerisches Denken?
22. Besteht die Hauptfunktion im Koordinieren und/oder Delegieren?
23. Ist es Bedingung, daß ich Schulungsfertigkeiten besitze, soll ich Mitarbeiter weiterbilden?
24. Verlangt man organisatorisches Geschick?
25. Welche Streßbelastung ist mit der Position verbunden, sowohl körperlich als auch psychisch?
26. Erfordert die Position Verhandlungsgeschick und Redetalent?
27. Welche persönlichen Führungseigenschaften werden darüber hinaus noch gewünscht?
28. Welche besonderen Führungsstile werden angewandt und von jedem Mitarbeiter verlangt?
29. Handelt es sich um eine Dauerstellung?
30. Wie ist die Stellung dotiert?
31. Werden Leistungsprämien gezahlt?
32. Wie wird das Gehalt angeboten – nach freier Vereinbarung oder auf tarifmäßiger Basis, d. h. zuzüglich einer Leistungszulage?
33. Gibt es Kantinenessen oder entsprechende Zuschüsse?
34. Wird zwischen einem Gehalt in der Probezeit und einem Gehalt bei Übernahme in den Vertrag unterschieden?

35. Kann ich über einen Firmenwagen verfügen?
36. Gibt es eine betriebliche Altersversorgung?
37. Werden Prämien verteilt, die an bestimmte Produktionsziffern gebunden sind?
38. Wird ausdrücklich Urlaubsgeld/Weihnachtsgeld angeboten?
39. Sind Unternehmenswohnungen vorhanden, und wenn ja, welche (Neubau, Altbau etc.)? Sind daran spezielle Bedingungen geknüpft?
40. Gibt es andere Möglichkeiten, bei einer kostengünstigen Wohnung behilflich zu sein?
41. Wo erfolgt die Einarbeitung: am Firmensitz, bei der Muttergesellschaft, auf einem zentralen Lehrgang?
42. Ist man an einem Eintrittstermin außerhalb der gesetzlichen/vertraglichen Vereinbarung interessiert? Werden dafür Gründe angegeben?

Abb. 34: *Fragen, die ein Bewerber stellen kann/soll (Quelle u. a.: Die Welt, 17.1.1980).*

Die Mitarbeitereinführung und -einarbeitung

Für Vorgesetzten und Unternehmen lohnt es sich, den neuen Mitarbeiter möglichst rasch in das neue Umfeld einzuführen.

Der Mitarbeiter hat das Bedürfnis,

- die Ziele des Unternehmen zu kennen und zu verstehen,
- sich kritisch mit den Aufgaben und der Arbeitsumgebung auseinandersetzen zu können,
- schnell Vertrauen und Selbständigkeit zu gewinnen,
- viele Kollegen und Vorgesetzte kennenzulernen,
- sich mit der neuen Unternehmung zu identifizieren,
- gerne zur Arbeit zu kommen und am Abend den Tag zufrieden abzuschließen.

Sie als Vorgesetzter wollen

- eine vertrauensvolle Beziehung zu Ihrem neuen Mitarbeiter aufbauen,
- einen motivierten, leistungsbereiten Mitarbeiter,

- daß Ihr Unternehmen und Ihre Organisationseinheit zu Ihren Mitarbeitern passen und umgekehrt.

Das bedeutet, daß beide Seiten von einer optimalen Einführung sehr schnell profitieren.

Für die Einführung des neuen Mitarbeiters erledigen Sie folgende Aufgaben:

- Vorbereitung des ersten Arbeitstages,
- Einführung in die neue Arbeitsumgebung,
- Einarbeitungsplan erstellen.

Der erste Tag – der zweite Eindruck – entscheidet über die Zukunft des neuen Mitarbeiters in Ihrem Unternehmen.

Die Vorbereitung des ersten Arbeitstages

Sie sorgen dafür, daß der Arbeitsplatz für den neuen Mitarbeiter eingerichtet ist. Am ersten Arbeitstag begrüßen Sie als Vorgesetzter, evtl. zusammen mit dem Personalleiter, den Mitarbeiter. Bei dieser Gelegenheit können auch gleich wichtige Formalitäten erledigt werden. Mit einer Begrüßungskarte, einem Blumenstrauß, Blumenstock oder Süßigkeiten bringen Sie beim Empfang des neuen Mitarbeiters Ihre persönliche Note ein. Anschließend stellen Sie den neuen Mitarbeiter seinen Kollegen und nächst höheren Vorgesetzten vor.

Der Mitarbeiter findet sich schneller ins Arbeitsleben ein, wenn Sie ihm bereits am ersten Tag seine erste Aufgabe anvertrauen. Sie müssen auf jeden Fall dafür sorgen, daß er sich nicht bereits am ersten Tag langweilt.

Die Einführung in die neue Arbeitsumgebung

In der Einführung sollten folgende Themen angesprochen werden:

- Information über Arbeits- und Verhaltensregeln
- Vorstellung des Unternehmens und seine Entwicklung
- Bekanntmachung mit dem Personalwesen, der Fachabteilung, dem Management und mit diversen Schlüsselpersonen
- Information über weitere Dienstleistungen (Sport- und Freizeitmöglichkeiten …)

Diese Einführung verläuft für alle Mitarbeiter im großen und ganzen ähnlich. Die aufgabenspezifischen Teile definieren Sie im Einarbeitungsplan.

Der Einarbeitungsplan

Die Einarbeitungsphase umfaßt in der Regel die Dauer der Probezeit. In dieser Zeit rüstet sich der neue Mitarbeiter für seine Funktion in Ihrer Firma. Er lernt sein Arbeitsumfeld kennen und kann damit umgehen.

Sie überlegen sich für den Einarbeitungsplan folgende Dinge:

- Welche Instrumente, Hilfsmittel braucht der Mitarbeiter für seine Funktion (Textverarbeitung, Mailing-System, Online-Datenbanken, Graphiksysteme, betriebswirtschaftliche Anwendungen etc.)?
- Welche Projekte aus Ihrem Bereich muß der Mitarbeiter kennen?
- Welche Personen sollte der Mitarbeiter kennen?
- In was muß der Mitarbeiter ausgebildet werden und wie soll diese Ausbildung aussehen (externer/interner Kurs, Selbststudium etc.)?
- Welche Unterlagen sollte der Mitarbeiter kennen (Jahresplanung, Strategie Ihres Bereichs bzw. Ihres Unternehmens, spezielle Konzepte etc.)?
- Was sind seine ersten Aufgaben bzw. Projekte?
- Wer sind seine Betreuer oder Ansprechpartner für diese Aufgaben?

Aus den Antworten zu diesen Fragen erstellen Sie den Einarbeitungsplan. Planen Sie während der Einarbeitung mehrere Mitarbeitergespräche ein. Gespräche brauchen Sie in dieser Phase, damit Sie den Mitarbeiter im Arbeitsalltag einschätzen und dementsprechend führen können.

Auch bei der Einarbeitung eines neuen Mitarbeiters setzen Sie die bekannten Instrumente ein:

1. Diagnose der Selbständigkeit des Mitarbeiters in dieser Aufgabe
2. Führungsstil bestimmen und anwenden.

4.3 Ein Beispiel zur Mitarbeitereinstellung

Anna Sonne erstellt ein Anforderungsprofil für die Leitung des Projektes „Einführung einer konzernweiten Kundenverwaltung“.

1.	Lehre erforderlich?	☒ nein ❑ ja, und zwar:
2.	Studium erforderlich?	❑ nein ☒ ja, und zwar: *Wirtschaftsinformatik, BWL, Versicherungswirtschaft*
3.	Schwerpunkt	Werbung, Marketing, Versicherung, Software-Engineering
4.	erforderliche Berufserfahrung in Jahren	*mehr als 5*
5.	spezielle Branchenkenntnisse erforderlich?	❑ nein ☒ ja, und zwar: *Computerbranche, Versicherungswesen*
6.	erforderliche Kenntnisse aus anderen Fachbereichen?	❑ nein ❑ ja, und zwar:
7.	EDV-Kenntnisse erforderlich?	❑ nein ☒ ja, und zwar: *Host und PC-Welt*
8.	Führungserfahrung erforderlich?	❑ nein ☒ ja, und zwar: *Projektarbeit Führen von mehr als 10 Mitarbeitern*
9.	Fremdsprachen	Fertigkeit hohe ... keine Englisch ----✗--------------------------------- Französisch -------------------------------✗-------- Italienisch ------------------------------------✗-- --
10.	Alter:	von: *30* bis: *40*
11.	Gesundheitszustand: Einsatz Schwerbehinderter möglich?	❑ nein ❑ ja, und zwar:
12.	Führerschein(e) erforderlich?	☒ nein ❑ ja, und zwar:

13.	Psychologische/soziologische Voraussetzungen:	unverzichtbar	wichtig	0	weniger wichtig	nicht relevant
	analytisches Denkvermögen				✗	
	Kreativität	✗				
	Innovationskraft	✗				
	Eigeninitiative		✗			
	Flexibilität		✗			
	Belastbarkeit	✗				
	Kommunikation			✗		
	Auftreten/Aussehen				✗	
	Teambereitscahft	✗				
	Durchsetzungsvermögen		✗			
	Integrationskraft	✗				
	Repräsentationsfähigkeit					✗

Abb. 35: *Das Anforderungsprofil gibt die fachlichen und persönlichen Voraussetzungen und Qualifikationen wieder, die ein Bewerber zur Erfüllung der Projektleitung braucht.*

Die Stelle wird sowohl intern als auch extern ausgeschrieben. Es gehen sehr viele Bewerbungen ein. Anna Sonne macht eine Vorselektion anhand der Bewerbungsunterlagen.

Mit fünf Kandidaten vereinbart Sie ein erstes Bewerbungsgespräch. Diese Personen erfüllen aufgrund der Bewerbungsunterlagen das Anforderungsprofil am besten. Anna Sonne führt jeweils zwei Gespräche, um einen etwas objektiveren Eindruck zu erhalten.

Die Vorbereitung für das erste Gespräch sieht folgendermaßen aus:

Zielformulierung für das erste Vorstellungsgespräch:

Teilnehmer: Anna Sonne/Paul Kandidat __________
Datum/Ort: 12. Juni 1997 ______________________
Sonstiges: ______________________________

1. Was ist mein Hauptziel?
   - persönliche und fachliche Eignung von Paul Kandidat für die Projektleiterstelle prüfen
2. Welche Punkte könnten/müssen zur Sprache kommen?
   - Gründe der Veränderung von Paul Kandidat
   - beruflicher Werdegang von Paul Kandidat
   - besondere Stärken/Schwächen von Paul Kandidat
   - Ziele des Projektes; die Aufgaben des Projektleiters
   - Arbeitsbedingungen
   - Schwerpunkte in den Anforderungen
   - Entwicklungsmöglichkeiten
   - Einordnung im Unternehmensbereich
3. Welche Entscheidungen könnten/müssen getroffen werden?
   - weitere Vorgehensweise: Wer informiert wann wen, ob ein zweiter Gesprächstermin stattfinden wird?
4. Was muß ich erreichen?
   - ein möglichst objektives, realistisches Bild von Paul Kandidat gewinnen
5. Was möchte ich erreichen?
   - ehrliche und klare Informationen an Paul Kandidat geben

6. Was muß ich vermeiden?
   - ich erzähle sehr viel und erfahre von Paul Kandidat sehr wenig
   - Paul Kandidat stellt sich super vor; und dies stellt sich später als Luftblase heraus
7. Was möchte ich vermeiden?
   - nur die schöne Seite der Stelle vermitteln
8. Was muß mein Gesprächspartner erreichen?
   - mich und seine mögliche Arbeitsumgebung möglichst genau kennenlernen
9. Was möchte mein Gesprächspartner erreichen?
   - einen guten Eindruck hinterlassen
   - Entwicklungsmöglichkeiten kennenlernen
   - ein finanzielles Angebot erhalten
10. Was muß mein Gesprächspartner vermeiden?
    - wenig Informationen über seine mögliche Arbeitsumgebung erhalten
11. Was möchte mein Gesprächspartner vermeiden?
    - zu spät kommen
    - nicht vorbereitet sein
12. Welche Ziele decken sich?
13. Wo liegen unsere möglichen Zielkonflikte?
    - sich gut verkaufen vs. objektives, realitätsnahes Bild
    - beide Seiten wollen möglichst viel Informationen
    - unterschiedliche Gesprächsstrategien
14. Wo fehlen noch Informationen?
    - Welche Informationsquellen hat Paul Kandidat?
    - Wie ernsthaft interessiert sich Paul Kandidat für diese Stelle?

Abb. 36: *Zielformulierung von Anna Sonne für die erste Gesprächsrunde mit dem Kandidaten.*

Nach dem ersten Gespräch dokumentiert Anna Sonne ihren Eindruck von Paul Kandidat. Sie verwendet hierfür das Anforderungsprofil und die Lust-Frust-Bilanz und Leistungsbilanz. Bei der Lust-Frust-Bilanz stellt sie zusammen, was ihr an Paul Kandidat gefallen hat und was ihr nicht gefallen hat. In der Leistungsbilanz hält sie fest, was Paul Kandidat bisher erreicht hat und was er nicht erreicht hat.

Sie hält ihren Eindruck direkt im Anschluß an das Gespräch schriftlich fest und notiert sich am Tag nach dem Gespräch erneut ihren Eindruck.

Nachdem Sie mit allen ausgewählten Kandidaten die erste Gesprächsrunde geführt hat, selektiert sie all diejenigen, mit denen sie ein zweites Gespräch führen möchte, und vereinbart einen neuen Gesprächstermin. Auch hierfür bereitet sie sich gründlich vor. Beim zweiten Gespräch wird der Chef von Anna Sonne zeitweise mit dabei sein.

Zielformulierung für das zweite Vorstellungsgespräch:

Teilnehmer: Anna Sonne/Paul Kandidat ________
Datum/Ort: 12. Juni 1997 ________________
Sonstiges: ________________________

1. Was ist mein Hauptziel?
   - Eindruck aus dem ersten Gespräch verifizieren (korrigieren oder bestätigen)
   - persönliche und fachliche Eignung von Paul Kandidat für die Projektleiterstelle anhand konkreter Fragestellungen, die dieses Projekt betreffen, prüfen
   - innerliche Entscheidung für oder gegen Paul Kandidat treffen

2. Welche Punkte könnten/müssen zur Sprache kommen?
   - Ziele des Projektes; die Aufgaben des Projektleiters
   - besondere Anforderungen an Funktion des Projektleiters in diesem Projekt
   - Stärken/Schwächen von Paul Kandidat
   - Entwicklungsmöglichkeiten
   - Kennenlernen von einer weiteren Person aus dem Projekt

3. Welche Entscheidungen könnten/müssen getroffen werden?
   - Weitere Vorgehensweise: Wer informiert wann wen über eine Zu- bzw. Absage?

4. Was muß ich erreichen?
   - ein möglichst objektives, realistisches Bild von Paul Kandidat gewinnen

5. Was möchte ich erreichen?
   - ehrliche und klare Informationen an Paul Kandidat geben
   - offenes Gespräch mit Paul Kandidat
6. Was muß ich vermeiden?
   - ich erzähle sehr viel und erfahre von Paul Kandidat sehr wenig
   - Paul Kandidat stellt sich super vor; und dies stellt sich später als Luftblase heraus
7. Was möchte ich vermeiden?
   - nur die schöne Seite der Stelle vermitteln
8. Was muß mein Gesprächspartner erreichen?
   - mich und seine mögliche Arbeitsumgebung möglichst genau kennenlernen
9. Was möchte mein Gesprächspartner erreichen?
   - einen guten Eindruck hinterlassen
   - Entwicklungsmöglichkeiten kennenlernen
   - ein finanzielles Angebot erhalten
   - möglichst viel von der Umgebung kennenlernen
10. Was muß mein Gesprächspartner vermeiden?
    - wenig Informationen über seine mögliche Arbeitsumgebung erhalten
11. Was möchte mein Gesprächspartner vermeiden?
    - zu spät kommen
    - nicht vorbereitet sein
12. Welche Ziele decken sich?
13. Wo liegen unsere möglichen Zielkonflikte?
    - sich gut verkaufen vs. objektives, realitätsnahes Bild
    - beide Seiten wollen möglichst viel Informationen
    - unterschiedliche Gesprächsstrategien
14. Wo fehlen noch Informationen?
    - Welche Informationsquellen hat Paul Kandidat?
    - Wie ernsthaft interessiert sich Paul Kandidat für diese Stelle?

Abb. 37: *Zielformulierung für die zweite Gesprächsrunde.*

Nach diesem Gespräch dokumentiert Anna Sonne wieder in der gleichen Weise wie nach dem ersten Gespräch ihren Eindruck. Für die Entscheidung bespricht sie ihren Eindruck mit Nikolaus Pfarr.

Anna Sonne und Paul Kandidat entscheiden sich beide positiv. Paul Kandidat wird also in ca. drei Monaten seine neue Stelle antreten.

Für den ersten Arbeitstag und die Einarbeitung muß Anna Sonne nun noch einiges vorbereiten. Sie kümmert sich um ein Büro mit entsprechender Ausstattung für ihn. Als Begrüßung besorgt sie einen Blumenstrauß und schreibt ihm eine Begrüßungskarte.

Am ersten Tag wird Anna Sonne Paul Kandidat am Morgen empfangen und ihm seinen neuen Arbeitsplatz zeigen. Anna Sonne nimmt sich den ganzen Vormittag für ihren neuen Mitarbeiter Zeit. Sie gibt ihm einige Informationen zu seinem Projekt, macht mit ihm eine Vorstellungsrunde, bei der er seine Kollegen kurz kennenlernt. Sie zeigt ihm bei dieser Tour auch diverse hilfreiche Einrichtungen, wie z. B. Büromateriallager etc. Außerdem gibt sie ihm eine Liste von Schlüsselpersonen. Mit diesen Personen soll er in den ersten zwei Wochen ein Gespräch führen mit dem Ziel, sich gegenseitig persönlich und fachlich kennenzulernen. Anna Sonne trifft mit Paul Kandidat am ersten Tag eine Zielvereinbarung für die erste Arbeitswoche und bespricht mit ihm den Einarbeitungsplan. Am Ende der ersten Woche werden sie die nächste Besprechung durchführen und die nächsten Schritte klären.

Fazit

Einen neuen Mitarbeiter einzustellen ist eine riskante, aber auch sich lohnende Sache. Wenn es schiefgeht, kostet das viel Geld und Zeit. Wenn es gutgeht, ist diese Person evtl. innerhalb von kurzer Zeit eine Ihrer Schlüsselpersonen. Sie haben in diesem Kapitel viele Checklisten und Instrumente kennengelernt, die beim Einstellungsprozeß nützlich sind. Letztendlich ist jedoch auch Ihr persönlicher Eindruck bezüglich eines Bewerbers sehr wichtig. Denn es ist aus unserer Sicht nicht ratsam, einen Mitarbeiter einzustellen, der Ihnen, seinem zukünftigen Chef, unsympathisch ist. Sie müssen mit ihm zusammenarbeiten, und diese Zusammenarbeit soll auch Spaß machen.

Ich muß einem Mitarbeiter kündigen 5

Einem Mitarbeiter zu kündigen, ist keine angenehme Sache. Und trotzdem erfordern es manchmal die Umstände, diese Aufgabe wahrzunehmen. Eine Kündigung kann verschiedene Ursachen haben. Mögliche Ursachen sind:

- Ein Mitarbeiter erfüllt die Anforderungen nicht, die an ihn gestellt werden.
- Ein Mitarbeiter hält sich nicht an Abmachungen.
- Unternehmensbedingter Stellenabbau.

Du wirst immer wieder vor das gleiche Problem gestellt, solange bis Du es gelöst hast.

Je nach Situation werden Sie als Vorgesetzter mehr oder weniger in die berufliche Zukunft dieses Mitarbeiters investieren.

5.1 Warum ist ein „sauberer" Kündigungsablauf wichtig?

Beispiel

Otto Kunz arbeitet seit über 10 Jahren im Rechenzentrum. Er ist fachlich sehr kompetent. Seit längerem hat er jedoch Probleme mit dem Alkohol. Zuerst waren es nur sehr seltene Ausfälle. Diese wurden jedoch dann leider immer mehr. Aufgrund seiner langen Betriebszugehörigkeit half ihm die Firma, einen Platz für eine Entzugstherapie zu erhalten. Während dieser Zeit wurde der Mitarbeiter wie im Krankheitsfall behandelt. Nach ca. drei Monaten ging die Therapie zu Ende, und Otto Kunz kam zurück an seinen alten Arbeitsplatz. Für Frau Sonne, seine Vorgesetzte, war klar, daß es galt, verstärkt auf Otto Kunz zu achten. Verstärkte Aufmerksamkeit deswegen, weil Otto Kunz sich im Selbständigkeitsgrad S1 befand, denn er mußte erst wieder zeigen, daß er seine Aufgaben erledigen kann und will. Frau Sonne führte intensive Gespräche mit Otto Kunz und vereinbarte mit ihm konkrete Ziele und Abmachungen.

Wir empfehlen jeder Führungskraft, die in die Situation gerät, eine Kündigung auszusprechen, auf jeden Fall einen „sauberen" Kündigungsprozeß zu führen. Dafür sprechen eine Reihe von Gründen:

Man sieht sich immer zweimal im Leben.

- Für Sie als Vorgesetzten ist es hilfreich, Dinge abzuschließen und die Voraussetzungen für einen neuen Anfang zu schaffen.
- Dem Mitarbeiter gegenüber ist es fair, ihm zu vermitteln, was er hätte anders machen müssen, um die Kündigung zu vermeiden. Was der einzelne letztendlich damit macht, ist seine Entscheidung.
- Für das Unternehmen wird das Image, das die Firma hat, beeinflußt. Es ist manchmal nicht zu verhindern, daß eine oder mehrere Kündigungen ausgesprochen werden. Es kann jedoch auch eine Stärke des Unternehmens sein, wie mit solchen Dingen umgegangen wird.
- Die verbleibenden Mitarbeiter sind die internen Zuschauer bei dieser „Aufführung".

5.2 Wie kündigen Sie einem Mitarbeiter?

Zur Durchsetzung Ihrer Ziele ist es notwendig, unwillige Mitarbeiter offen und klar zur Rede zu stellen. Wenn das nichts bewirkt, bedeutet das, auch die Konsequenzen zu ziehen, und nach einer Verwarnung zu kündigen. Wer das nicht wagt, hat verloren.

„ICH HABE MICH ENTSCHLOSSEN, SIE **BEIDE** ZU ENTLASSEN. DA IST ES FÜR JEDEN NUR HALB SO SCHLIMM."

Die Kündigungsvorbereitung

Für die Vorbereitung einer Kündigung eignen sich folgende Instrumente:

- **Lust- und Frustbilanz:** Die Lust- und Frustbilanz enthält die Beziehungsaspekte. Sie beschreiben hier die Verhaltensaspekte, die Ihnen Freude mit diesem Mitarbeiter machen, und die Verhaltensweisen, die Ihnen Mühe machen. Sie klären für sich, ob es mit diesem Mitarbeiter schwierig ist oder ob Sie mit ihm zurechtkommen.
- **Leistungsbilanz:** Die Leistungsbilanz zeigt Ihnen die fachlichen Erfolge und Mißerfolge. Sie beschreiben hier die Leistung des Mitarbeiters. Sie sehen, welche Resultate er erarbeitet hat. Als Ergänzung

Mache aus der Ehrlichkeit eine Gewohnheit.

können Sie die einzelnen Punkte auf der Erfolgs- und Mißerfolgsseite noch gewichten. Zum Beispiel nach den Kriterien „wichtig" und „dringend". Das gibt Ihnen zusätzlich über die Stärken und Schwächen des Mitarbeiters Aufschluß.

- **Mitarbeiterbeurteilung:** Die Mitarbeiterbeurteilung beschreibt, bei welchen Kompetenzen der Mitarbeiter welche Leistung bringt. So kann es gut vorkommen, daß ein Mitarbeiter zwar fachlich sehr gut ist, persönlich und in bezug auf Führungsaufgaben etc. jedoch nicht tragbar ist. Dann müssen Sie für ihn entweder eine Stelle haben, bei der diese Kompetenzen nicht gefragt sind, oder Sie müssen ihn freistellen.
- **Zielvereinbarung:** Die Zielvereinbarung dokumentiert Abmachungen zwischen Ihnen und Ihrem Mitarbeiter. Diese Abmachungen enthalten Meßkriterien und Termine. Gerade bei Mitarbeitern, die nur ihren eigenen Vorteil suchen, schafft die Zielvereinbarung mehr Ausgeglichenheit.

- **Kommunikation** darüber, was Ihre Erwartungen sind, wann Ihre Erwartungen erfüllt sind und zu welchem Termin Sie konkrete Resultate sehen wollen respektive die Erreichung des Ziels kontrollieren.

Wenn Sie sich als Vorgesetzter so verhalten, sind Ihre Ziele und Absichten für den Mitarbeiter transparent und berechenbar. Das heißt, er weiß somit sehr genau, was passiert, wenn er sich nicht an die Abmachung hält.

Andere Einsatzmöglichkeiten

Wenn Sie einem Mitarbeiter kündigen müssen, können Sie ihm helfen, Einsatzmöglichkeiten an anderen Orten zu finden. Diese Möglichkeiten können innerhalb oder außerhalb Ihres Unternehmens liegen.

Ziel ist es, eine neue Aufgabe, die den Stärken des Mitarbeiters entspricht, zu finden. Es ist wenig sinnvoll, für den Mitarbeiter die gleiche Tätigkeit zu suchen, die er heute hat. Denn diese Aufgabe macht er ja nach Ihrer Beurteilung nicht gut genug.

Es passiert sehr häufig, daß ein Mitarbeiter eine Sachbearbeiteraufgabe sehr gut erledigt und aufgrund dieser Leistungen eine Führungsrolle bekommt. Ein guter Sachbearbeiter ist jedoch noch lange keine gute Führungsperson. Haben Sie den Mut, in diesem Fall mit ihm darüber zu reden. Falls sich herausstellt, daß er sich in seiner neuen Funktion unwohl fühlt, suchen Sie mit ihm mittelfristig eine neue Lösung.

Hilfestellung beim Bewerbungsprozeß

Mögliche Hilfestellungen beim Bewerbungsprozeß sind zum Beispiel:

- Sie zeigen Ihrem Mitarbeiter, wie er seine Bewerbungsunterlagen aufbereiten soll.
- Sie erläutern Ihrem Mitarbeiter, wie der Bewerbungsprozeß aus Unternehmenssicht abläuft.

Jeder Mitarbeiter ist ein potentieller Kunde.

- Sie erläutern den Ablauf eines Bewerbungsgesprächs und üben evtl. ein Gespräch mit ihm.

- Falls es Ihnen angebracht erscheint, stellen Sie sich für Referenzauskünfte zur Verfügung, z. B. wenn Sie Ihrem Mitarbeiter aufgrund strategischer Entscheidungen (Stellenabbau) kündigen müssen.
- Sie stellen über Ihre Beziehungen Kontakte zu möglichen neuen Arbeitgebern her.

Allgemein gilt, daß Sie fair mit Ihrem Mitarbeiter und mit dessen möglichen neuen Vorgesetzten sind. Das bedeutet, ehrlich und offen miteinander umzugehen.

Das Kündigungsgespräch führen

Ihre Unterlagen für das Kündigungsgespräch sind die

- Lust- und Frustbilanz,
- Leistungsbilanz,
- Mitarbeiterbeurteilung und
- Zielvereinbarung.

Die herkömmliche Gesprächsvorbereitung hilft Ihnen, das Gespräch als solches zu strukturieren. Es ist aus unserer Sicht fair, dem Mitarbeiter offen mitzuteilen, was letztendlich zu diesem Schritt geführt hat. Was der Mitarbeiter anschließend mit diesen Informationen macht, ist seine Entscheidung. Vielleicht helfen diese Aussagen ihm für seine Zukunft.

Alles, was gewesen ist, brauchst Du nicht zu vergessen und zu verleugnen. Bewahre es als Erfahrung und Hilfe für die Zukunft in Deinem Gedächtnis.

Dieses Gespräch führen Sie. Wenn Sie sich entschlossen haben, den Schritt zu machen, gibt es zu Ihrem Entschluß keine Diskussion mehr. Es muß nicht so sein, daß der Mitarbeiter mit all Ihren Aussagen einverstanden ist. Sie vertreten Ihre Sicht, die letztendlich entscheidend ist. Sie führen in dieser Situation ein Gespräch mit dem F2-Führungsstil, d. h. Fragen sind zugelassen und werden von Ihnen beantwortet; Sie reden jedoch über 50 % der Zeit, und Sie bestimmen, wie ausführlich Sie zu welchen Punkten werden wollen.

5.3 Beispiel für Mitarbeiterkündigung

Die Zielvereinbarung zwischen Frau Sonne und Otto Kunz sieht folgendermaßen aus:

Zielvereinbarung von: Otto Kunz
Vorgesetzte: Anna Sonne

Ziel (Wo will ich hin?)	**Meßgröße (Wie sehe ich das Erreichte?)**	**Maßnahmen/ Handlungen (Was mache ich?)**	**Fördermaßnahmen (Was brauche ich?)**	**Termin**
• Der Arbeitnehmer erscheint in nüchternem Zustand pünktlich am Arbeitsplatz.	• Otto Kunz ist spätestens um 8.30 Uhr in nüchternem Zustand an seinem Arbeitsplatz.	• Diverse Kontaktstellen stehen für „Notfälle“ zur Verfügung. • Bei häufigem Verstoß (mehr als 4mal im Monat) gibt es eine schriftliche Abmahnung. • Falls Otto Kunz alkoholisiert am Arbeitsplatz erscheint, wird sein Arbeitsverhältnis mit sofortiger Freistellung gekündigt.	•	• Ab sofort
• Abwesenheiten werden am ersten Tag entschuldigt und begründet.	• Ungeplante Abwesenheiten werden während des Vormittags entschuldigt.	• Entschuldigung der ungeplanten Abwesenheit am Vormittag des ersten Tages • Ärztliche Bescheinigung über Abwesenheit	•	• Ab sofort
• Aufgaben werden jeweils am Freitag der abgelaufenen Woche besprochen und für die folgende Woche vereinbart.	• Wöchentlich aktualisierte Aktivitätenliste	• Jeden Freitag von 10.00 bis 12.00 Uhr Besprechung der erledigten Aufgaben und der anstehenden Aufgaben	•	• Ab sofort

Ort, Datum,
Unterschrift Mitarbeiter: ______________________________

Ort, Datum
Unterschrift Vorgesetzter: ______________________________

Abb. 38: *Zielvereinbarung mit Otto Kunz.*

Frau Sonne dokumentiert das Verhalten von Herrn Kunz mit Hilfe der Lust-Frust-Bilanz und mit Hilfe der Leistungsbilanz.

Lust	Frust
• Abmachungen sind in der Zielvereinbarung festgehalten.	• Es scheint, als ob die Firma am Leben von Otto Kunz mehr interessiert ist als er selbst. • Viele Kleinigkeiten müssen explizit abgemacht werden. • Ich bin nicht sicher, ob Otto Kunz mir gegenüber ehrlich ist. • Otto Kunz realisiert nicht, wo er tatsächlich steht. • Otto Kunz schafft es nicht, sich vom Alkohol zu trennen.

Abb. 39: *Lust-Frust-Bilanz zu Otto Kunz.*

Erfolg	Mißerfolg
• In der ersten Woche war das Verhalten von Otto Kunz absolut korrekt.	• Aufgaben werden nicht wie abgemacht fertiggestellt. • Abmachungen in der Zielvereinbarung werden nicht eingehalten.

Abb. 40: *Leistungsbilanz zu Otto Kunz.*

Fazit

Otto Kunz hält sich nicht an die Abmachungen, auch nicht nach einer mündlichen und nach einer schriftlichen Verwarnung. Das heißt, nun muß wahr gemacht werden, was in der Zielvereinbarung festgehalten wurde. Anna Sonne entscheidet mit dem verantwortlichen Personalleiter: Otto Kunz wird gekündigt.
Frau Sonne bereitet das Kündigungsgespräch sorgfältig vor.

Teilnehmer: Anna Sonne und Otto Kunz
Datum/Ort: 11.03.96 / Büro von Anna Sonne
Sonstiges: ______________________________

1. Was ist mein Hauptziel?
   Otto Kunz die Kündigung übergeben. Otto Kunz packt seine persönlichen Sachen und ist ab heute beurlaubt.

2. Welche Punkte könnten/müssen zur Sprache kommen?
   Verhalten von Otto Kunz, das zur Kündigung geführt hat.
   Nächste/letzte Schritte

3. Welche Entscheidungen könnten/müssen getroffen werden?
   Annahme der Kündigung
   Nächste Schritte sind abgemacht
   Regelung der administrativen Dinge

4. Was muß ich erreichen?
   Abschluß des Arbeitsverhältnisses von Otto Kunz

5. Was muß ich vermeiden?
   Weich werden und evtl. Kündigung zurücknehmen

6. Was muß mein Gesprächspartner erreichen?
   Kündigung vermeiden?

7. Was muß mein Gesprächspartner vermeiden?
   Wirksam werden der Kündigung

8. Welche Ziele decken sich?

9. Wo liegen unsere möglichen Zielkonflikte?
   Kündigung

10. Wo fehlen noch Informationen?

Abb. 41: *Die Gesprächsvorbereitung für die Kündigung von Otto Kunz.*

Fazit

Einem Mitarbeiter zu kündigen ist keine leichte Aufgabe. Und es gibt immer wieder mal eine Situation, in der eine Kündigung erforderlich ist. Aus unserer Erfahrung sind Ehrlichkeit und Offenheit bei dieser Aufgabe sehr hilfreich, sowohl für den Mitarbeiter als auch für Sie als Vorgesetzten. Je mehr Sie in der Lage sind, diese Aufgabe sachlich und nicht emotional zu bearbeiten, um so höher ist die Chance, daß alle Beteiligten letztendlich als Gewinner aus diesem Prozeß hervorgehen. Denken Sie an den Spruch „Man sieht sich immer zweimal im Leben". Für diese nächste Begegnung sollten Sie vorsorgen.

Ich und meine Mitarbeiter arbeiten im Team

6

Die kleinen Leute von Swabeedo

Vor langer Zeit lebten in einem Ort Swabeedo kleine Leute. Sie waren sehr glücklich und liefen den ganzen Tag mit einem fröhlichen Lächeln herum. Wenn sie sich begrüßten, überreichten sie sich gegenseitig kleine, warme, weiche Pelzchen, von denen jeder immer genug hatte, weil er sie verschenkte und sofort wieder welche geschenkt bekam.
Ein warmes Pelzchen zu verschenken bedeutete für diese Menschen: Ich mag dich. So zeigten sie, daß jeder jeden mochte. Und das machte sie den ganzen Tag froh.
Außerhalb des Ortes lebte ganz einsam in einer Höhle ein Kobold. Wenn ein Swabeedoler ihm ein Pelzchen schenken wollte, lehnte er es ab, denn er fand es albern, sich Pelzchen zu schenken.

Eines Tages traf der Kobold einen Swabeedoler im Dorf, der ihn sofort ansprach: „War heute nicht ein schöner, sonniger Tag?“ Und der Mann reichte ihm ein besonders weiches Pelzchen. Der Kobold schaute in den Rucksack mit den Pelzchen. Dann legte er dem Swabeedoler den Arm vertraulich um die Schulter und flüsterte ihm zu: „Nimm Dich in acht. Du hast nur noch 207 Pelzchen. Wenn Du diese weiterhin so großzügig verschenkst, hast Du bald keine mehr.“ Das war natürlich vollkommen falsch gerechnet, denn ein jeder Swabeedoler hatte, da jeder welche herschenkte, immer genug davon.

Doch kaum hatte der Kobold den verdutzten kleinen Mann stehen lassen, kam schon sein Freund vorbei und schenkte ihm wie immer ein Pelzchen. Doch der Beschenkte reagierte nicht wie bisher. Er packte das Pelzchen ein und sagte zu seinem Kollegen: „Lieber Freund, ich will Dir einen Rat geben. Verschenke Deine Pelzchen nicht so großzügig, sonst könnten sie Dir ausgehen.“

Bald gaben sich immer öfter Swabeedoler diesen Rat. So kam es, daß Pelzchen nur noch an allerbeste Freunde verschenkt wurden. Jeder hütete seinen Pelzrucksack wie einen Schatz. Sie wurden zu Hause eingeschlossen, und wer so leichtsinnig war, damit über die Straße zu gehen, mußte damit rechnen, überfallen und beraubt zu werden. Die kleinen Leute von Swabeedo veränderten sich. Sie lächelten nicht mehr und grüßten sich kaum noch. Keine Freude kam mehr in ihre traurigen und mißtrauischen Herzen.

Erst nach langer Zeit begannen die Leute erneut, sich wie früher kleine, warme, weiche Pelzchen zu schenken. Sie merkten bald wieder, daß ihnen die Pelzchen nicht ausgingen und daß sich Beschenkte und Schenkende darüber freuten. Sie konnten wieder lächeln, und in ihren Herzen wurde es wieder warm, obwohl die Traurigkeit und das Mißtrauen nie mehr ganz daraus verschwanden.

Abb. 42: *Die Geschichte der kleinen Leute … zeigt die Notwendigkeit des „Miteinander fair Teilens".*

Die Geschichte der kleinen Leute von Swabeedo zeigt sehr deutlich, was passiert, wenn sich Menschen vertrauen und positiv voneinander denken, und welche Auswirkungen es hat, wenn Mißtrauen und Mißgunst das Miteinanderleben bestimmen.

Für die Teamarbeit sind Vertrauen und einander Helfen wichtige Komponenten. Es geht in der Teamarbeit nicht darum, daß eine einzelne Person ganz groß herauskommt und dominant ist, sondern ein gemeinsames Ziel soll erreicht werden, und jedes einzelne Teammitglied soll seinen Beitrag dazu leisten. Wenn diese Atmosphäre vorhanden ist, kann ein Team wesentlich höhere Leistung bringen als eine einzelne Person. Eine einzelne Person hat physische Grenzen. Wenn diese Grenze erreicht ist, muß diese Person Aufgaben abgeben. Somit ist die Notwendigkeit für Teamarbeit gegeben.

Ein Team wird nicht einfach gebildet, sondern muß entwickelt werden. Dieser Entwicklungsprozeß läuft in den Phasen Forming, Storming, Norming und Performing ab. Während dieses Prozesses werden die Stärken der Teammitglieder geklärt, Zuständigkeiten und Kompetenzen aufgeteilt und der Informationsaustausch festgelegt.

6.1 Warum ist es für Sie wichtig, ein Team zu entwickeln?

Beispiel

Ein Unternehmen mit ca. 100 Mitarbeitern expandiert sehr stark und wird in den nächsten 12 Monaten etwa um weitere 50 Mitarbeiter wachsen. Die vorhandenen Räumlichkeiten sind zu klein. Die Geschäftsleitung hat beschlossen, schnellstmöglich in ein größeres Gebäude umzuziehen. Sie beauftragt den technischen Mitarbeiter Florian Thamm damit, geeignete Räumlichkeiten zu finden, den Umzug vorzubereiten und durchzuführen. Florian Thamm kann bei Bedarf auf weitere Mitarbeiter für dieses Vorhaben zurückgreifen.

Sie als Führungskraft haben einen bestimmten Auftrag. Und Sie sind Führungskraft, weil es nicht möglich ist, diesen Auftrag als Einzelperson zu erfüllen. Ihre Vorgesetzten erwarten von Ihnen, daß Sie mit Ihrer Mannschaft den an Sie gestellten Auftrag erfüllen.

Die Bedeutung von Team ist nicht: „Toll, Ein Anderer Machts!“ Sondern: Alle müssen am gleichen Strick ziehen – und zwar in die gleiche Richtung!
(Ein leidgeprüfter Personalchef)

Ein Team kann mehr bewegen, mehr leisten als eine einzelne Person – vorausgesetzt, daß diese Gruppe an der Erreichung des Zieles arbeitet und sich nicht mit sich selbst beschäftigt.

Es macht mehr Spaß, in einem guten Team zu arbeiten, als sich immer alleine zu beschäftigen. Im Team können größere Aufgaben angepackt werden, Ergebnisse sind schneller sichtbar, und jedes einzelne Teammitglied kann von seinen Teamkollegen lernen.

6.2 Wie werden Mitarbeiter und Vorgesetzte ein Team?

Teamentwicklung anstatt Teambildung

Erfolgreiche Teams bilden sich nicht mit dem Ziel, ein erfolgreiches Team zu werden, sondern entstehen in der Absicht, gemeinsam ein herausforderndes, anspruchsvolles Ziel zu erreichen. Ein Team läßt sich nicht dadurch bilden, daß Sie zwei Analytiker, einen Kritiker und drei Macher nehmen und sie von nun an als Ihr Team bezeichnen. Ein Team entwickelt sich. In diesen Prozeß ist jedes einzelne Teammitglied eingebunden. Die Geschwindigkeit des Entwicklungsprozesses hängt vom Team ab. Dieser Prozeß durchläuft vier Phasen:

1. Forming

In der Forming-Phase formt sich die Gruppe zu einem Team. Jeder einzelne sucht seine Position und Rolle im Team. Die Teammitglieder tasten sich ab, lernen sich gegenseitig kennen. In dieser Phase sind die einzelnen Personen vorsichtig im Umgang miteinander.

2. Storming

Die Storming-Phase ist auch als Organisationsphase bekannt. Die Gruppe organisiert sich, z. B. bezüglich der Frage, wie das Team zusammenarbeiten soll. Es gilt etwa zu klären, welche Spielregeln jeder zu respektieren hat, und was passiert, wenn diese Regeln nicht eingehalten werden. Jedes Teammitglied sichert seine Position, bringt seine Erwartungen ein. In dieser Phase werden die persönlichen Ziele der einzelnen Mitglieder transparent. Diese Phase ist die entscheidende Phase für das Team an sich. Denn entweder kann sich die Gruppe organisieren, oder sie wird sich verändern. Verändern kann bedeuten, daß einzelne Teammitglieder aussteigen oder im Extremfall die ganze Gruppe auseinanderbricht. Diese Phase kann ein guter Teamchef sehr gut unterstützen. Der Teamchef gibt die Richtung an, setzt die Leitplanken und bestimmt den Ton. Wenn Sie als Führungskraft ein konstruktives Klima schaffen, werden Sie Ihr Team recht rasch organisiert haben.

Wir werden nicht an unseren Worten, sondern an unseren Taten gemessen.

3. Norming

In dieser Phase werden die Spielregeln der Zusammenarbeit und die Rollen der einzelnen Teammitglieder verbindlich festgelegt. Die Konfliktatmosphäre der Storming-Phase wird durch eine konstruktive, lösungsorientierte Atmosphäre ersetzt. Ab diesem Zeitpunkt erreicht das Team den Zusatznutzen von einem Team. Jeder einzelne ist nun an der Lösung der gemeinsam gestellten Aufgabe interessiert. Durch die konstruktive Diskussion zwischen den Teammitgliedern kann ab jetzt eine höhere Qualität erzielt werden, als es für eine einzelne Person möglich ist. Die Führungskraft hat hier die Aufgabe, das Team in die Performing-Phase zu führen und sicherzustellen, daß die Gruppe nicht wieder in die Storming-Phase zurückfällt.

4. Performing

In der Performing-Phase ist das Team nun in der intensiven Arbeitsphase. Hier spürt die Gruppe die Vorteile und Chancen eines guten Teams. Manche Teams erleben hier zum Teil echte „Höhenflüge“, es scheint so, als ob es keine Aufgabe in der Welt gibt, die diese Gruppe nicht lösen kann. Im Sport erleben wir immer wieder Mannschaften, die so stark sind, daß sie auf viele Gegner unbezwingbar wirken.

In der Performing-Phase haben Sie als Führungskraft sehr wenig zu tun, Sie können sich in dieser Zeit um andere Dinge kümmern. Das Team arbeitet selbständig und zielorientiert. Selbst in problematischen Situationen erarbeitet das Team für sich selbständig Lösungswege und verliert sein Ziel nicht aus den Augen.

Die Stärken der Teammitglieder bestimmen

Ein Team wird stark, indem die Stärken der einzelnen Mitglieder genutzt werden. Jeder Mensch hat Stärken. Es geht also darum, die Stärken der einzelnen Personen zu identifizieren. Die Stärken können sich auf ein Fachgebiet beziehen, auf Erfahrungen, auf die Arbeitsweise, auf Beziehungen (Netzwerk) etc. All diese unterschiedlichen Stärken können für ein Team mit einem speziellen Auftrag nützlich sein. Wichtig dabei ist, daß die Stärken der einzelnen Personen explizit identifiziert werden und die Bedeutung dieser Stärken in dieser speziellen Aufgabe geklärt wird. Diese Aufgabe wird sicherlich vom Teamchef gemacht. Inwieweit die einzelnen Teammitglieder miteinbezogen werden, hängt vom Reifegrad des Teams ab.

Die Aufteilung von Aufgaben und Kompetenzen

Die Stärken der Teammitglieder beeinflussen die Rollen, die die einzelnen Personen wahrnehmen.

Für die Erfüllung des Auftrages gibt es verschiedene Aufgaben, die gelöst werden wollen. Es ist notwendig, daß jeder im Team weiß, was er zu tun hat und bis wann er seine Aufgaben erledigt haben muß. Für eine reibungslose Kommunikation innerhalb des Teams ist es hilfreich, wenn auch die anderen Teammitglieder die Aufgaben ihrer Kollegen kennen. Die Kompetenzen werden in Abhängigkeit von den Aufgaben im Team verteilt. Auch hier hilft Transparenz im Sinne einer offenen und ehrlichen Kommunikation innerhalb des Teams. Sofern die Verteilung der Kompetenzen sich an den Aufgaben ausrichtet, wird niemand Mühe mit Offenheit im Team bekommen. Ich muß immer nur dann Dinge vertuschen, wenn ich sie nicht oder nur mühsam erklären kann.

Für die Dokumentation der Aufgabenverteilung eignet sich z. B. folgende Aktivitätenliste:

Nr.	**Aufgabe**	**Wer**	**mit wem**	**bis wann**	**Status**

Abb. 43: *Die Aktivitätenliste gibt einen Überblick über das zu Erledigende.*

This is a story of *TEAMWORK*

There are four people named Everybody,
Somebody, Anybody and Nobody.

There was an important job to be done
and Everybody was asked to do it.

Everybody was sure Somebody would do it.
Anybody could have done it, but Nobody did it.

Somebody got angry about that, because it was Everybody's job.

Everbody thought Anybody could do it,
but Nobody realized that Everybody wouldn't do it.

It ended up that Everybody blamed Somebody
when Nobody did what Anybody could have done.

Sounds familiar, doesn't it?

Wenn nicht ich, wer denn sonst?

So gewährleisten Sie einen regelmäßigen Informationsaustausch

Damit die einzelnen Ergebnisse der verschiedenen Teammitglieder gut zueinander passen, ist es wichtig, regelmäßig diverse Informationen im Team auszutauschen.

Folgende Informationen sollten im Team besprochen werden:

- Wer erledigt welche Aufgabe bis wann?
  Alle Teammitglieder sollten darüber informiert sein, wer für welche Aufgaben im Team zuständig ist. Dadurch erhält jedes einzelne Teammitglied eine Orientierung über die Rolle seiner Kollegen im Team. Jedes Teammitglied kann jedoch auch nach außen bis zu einem gewissen Grad das Team vertreten.

- Status der einzelnen Aufgaben (im Zeitplan, Verzögerung, Schwierigkeiten etc.).
  Jedes Teammitglied soll informiert sein, wieweit die einzelnen Aufgaben erledigt sind, ob es z. B. Schwierigkeiten oder Verzögerungen gibt.

Dadurch kann das einzelne Teammitglied abschätzen, welche Auswirkungen dies auf seine Aufgaben hat.

- Kurze Information über die Lösung der einzelnen Aufgaben (Detaillierungsgrad muß der Situation angepaßt sein).
  Dadurch können die Teamkollegen evtl. Abhängigkeiten und Konsequenzen erkennen und aufzeigen.
- Wer informiert über was außerhalb des Teams?
- Rückmeldungen von außen zum Team, zur Arbeit des Teams etc. Die einzelnen Teammitglieder erhalten evtl. andere Rückmeldungen von ihren Kollegen als der Teamchef über seine Informationskanäle.

Der Informationsaustausch ist wichtig. Damit alle Teilnehmer an diesem Informationsaustausch partizipieren können, ist es am einfachsten, regelmäßige Teamsitzungen durchzuführen. Diese Teamsitzung können Sie als Führungskraft zusätzlich als Möglichkeit nutzen, Ihre Mannschaft über sonstige Dinge zu informieren. Im Vordergrund steht jedoch die Kommunikation innerhalb des Teams.

Geben Sie Ihrer Teamsitzung eine fixe Struktur. Diese Struktur legt fest:

- Soll- und Wunschziele der Besprechung
- Themen der Besprechung
- Teilnehmer der Besprechung
- Dauer der Besprechung
- Termin der Besprechung
- Ort der Besprechung
- Ergebnis wird dokumentiert in Form von …

Fazit

Je reibungsloser und selbstverständlicher der Informationsaustausch in Ihrem Team funktioniert, um so besser arbeitet Ihr Team zusammen. Denn Informationen dürfen nicht als **Machtinstrument** eingesetzt werden. Wenn Informationen offen und ehrlich ausgetauscht werden, ist das ein Indikator für gegenseitiges Vertrauen, hohe Selbständigkeit der einzelnen Personen und niedriges Konkurrenzverhalten zwischen den einzelnen Teilnehmern.

6.3 Ein Beispiel, wie Vorgesetzte und Mitarbeiter ein Team werden

Florian Thamm hat früher bei einem Dienstleistungsunternehmen gearbeitet, das sich auf Firmenumzüge spezialisiert hat. Aufgrund dieser Erfahrung kann er einschätzen, wieviel und welche Mitarbeiter er in welcher Phase für dieses Vorhaben braucht.

Der Auftrag umfaßt folgende Aktivitäten:

Nr.	Aufgabe	Wer	mit wem	bis wann	Status
1	Suche neuer Räume				
2	Mietvertrag für die neuen Räume aushandeln				
3	Bedarfsermittlung und Raumplanung				
4	Belegungsplan erstellen				
5	organisatorische Vorbereitung des Umzugs				
6	technische Anforderungen an neue Räume				
7	technische Vorbereitung des Einzugs				
8	technische Vorbereitung des Auszugs				
9	Mobiliar transportieren				
10	Installation und Betriebsaufnahme				

Abb. 44: *Die Aktivitätenliste für den Auftrag von Florian Thamm.*

Für diese Aufgaben bittet Florian Thamm um Verstärkung durch den Assistenten der Geschäftsleitung für die organisatorischen Aufgaben und durch einen Mitarbeiter vom technischen Service für die technischen Aufgaben. Der Transport des Mobiliars soll von einer Umzugsfirma gemacht werden.

Nachdem die Besetzung des Teams mit der Geschäftsleitung geklärt ist, lädt Florian Thamm sein Team und den Auftraggeber zu einem Kick-off-Meeting ein. Ziel dieses Meetings ist, den Auftrag allen Teilnehmern bekanntzugeben und die Rollen der Teammitglieder zu klären. Die Tagesordnungspunkte des Kick-off-Meetings sind:

Thema	**Wer**	**Wie lange**
• Begrüßung	FT	
• Auftrag erläutern	FT, GF	
• Aktivitäten festlegen	FT, Team	
• Zuständigkeiten, Kompetenzen der Teammitglieder festlegen	alle	
• Art der Zusammenarbeit (Informationsaustausch, Umgang miteinander)	alle	

Herr Thamm weiß aus seiner Erfahrung, daß es für ein Team sehr wichtig ist, möglichst rasch in die Performing-Phase zu gelangen. Deshalb möchte er möglichst viele Punkte für eine gute Zusammenarbeit bereits von Anfang an klären.

Fazit

Es gibt Aufgaben, die nur von einem Team bearbeitet werden können, weil eine einzelne Person das Volumen an Aktivitäten in der vorhandenen Zeit nicht bewältigen könnte. Im einem effizienten Team zu arbeiten macht Spaß, denn erste Erfolge sind meistens recht schnell in Sicht und jeder kann von seinen Teamkollegen etwas dazulernen. Im Team zu arbeiten bringt Nähe zwischen den einzelnen Teammitgliedern und Sicherheit. Das heißt, wenn einer ausfällt bzw. in seinen Aufgaben hinterherhinkt, können die Kollegen aushelfen. Damit die Arbeit im Team funktioniert, sind einige wesentliche Voraussetzungen zu erfüllen: Die einzelnen Teammitglieder akzeptieren sich gegenseitig, jedes Teammitglied macht seine Aufgabe und leistet somit seinen Teil in der Teamaufgabe, die Rollen im Team sind geklärt und werden gelebt, und das Team wird dementsprechend geführt. Auch in der Teamarbeit bedarf es klarer Verantwortlichkeiten und Ansprechpartner.

Ich will effizient und effektiv arbeiten 7

Wer sehr viele Aufgaben parallel zu bearbeiten versucht, macht zu viele Dinge zu wenig gut. Das bedeutet, daß viele Aufgaben zu schlechter Qualität und zu längeren Bearbeitungszeiten führen. Dies gilt auch für Führungskräfte. Eine wesentliche Komponente für den Erfolg Ihrer Arbeit ist, daß Sie sich selbst optimal organisieren. Dafür ist es notwendig, daß Sie effizient und effektiv Ihre Aufgaben bearbeiten.

Nachdem Sie das Ziel aus den Augen verloren hatten, verdoppelten Sie die Anstrengungen!

Effizient arbeiten bedeutet: die Dinge richtig tun – die Organisation optimieren. Für die Bearbeitung einer Aufgabe sind Qualität und Aufwand in ein ausgewogenes Verhältnis zu bringen. Effizient sein bedeutet, daß die Bearbeitung einer Aufgabe optimiert wird. Es bestehen keine unnötigen Transportzeiten, Wartezeiten und/oder Bearbeitungsschritte.

Effektiv arbeiten bedeutet: die richtigen Dinge tun. Effektiv sein heißt, sich an strategischen Zielen ausrichten. Wer effektiv arbeitet, bearbeitet Schlüsselaufgaben. Effektiv sein bedeutet etwas bewegen, verändern, bewirken.

7.1 Warum ist es wichtig, sich zu konzentrieren?

Beispiel

Gerd Ball ist Projektmanager und hat die Aufgabe, alle Projekte aus seinem Bereich zu koordinieren. In seinem Bereich wurde gerade die strategische Planung für die nächsten fünf Jahre abgeschlossen. Das Projektportfolio von Gerd Ball umfaßt drei Großprojekte, vier mittlere Projekte und zwei Kleinprojekte. Seine Aufgabe ist es, diese Projekte

- in Managementfragen, bezüglich inhaltlicher Ausrichtung und in Führungsfragen zu coachen,
- mit Ressourcen auszustatten, damit definierte Ziele erreicht werden,
- das Projektbudget zu überwachen.

Gerd Ball hat zum Teil gute persönliche Kontakte zu den einzelnen Projektmitarbeitern. Er bekommt die Informationen zu den Projekten oft direkt von den Projektmitarbeitern. Falls es im Projekt diverse Schwierigkeiten gibt, erhoffen sich die Mitarbeiter eine direkte Unterstützung von ihm. Gerd Ball nimmt sich auch jeweils sehr viel Zeit für persönliche Gespräche mit den einzelnen Personen. Mehr als ein nettes Gespräch kommt jedoch hierbei nicht heraus.
Es sind noch Stellen neu zu besetzen, denn die Geschäftsleitung hat für die Umsetzung der ehrgeizigen Ziele zusätzlich Personal bewilligt. Weil diese Kapazitäten im Moment noch nicht verfügbar sind, gibt es einen Mehraufwand bei der Ressourcenzuteilung.
Gerd Ball kommt an einem Mittwochmorgen an seinen Arbeitsplatz und ist sehr müde. Er sieht keinen Ausweg mehr, er sieht nur noch Arbeit.

Insbesondere Führungskräfte verzetteln sich häufig, da sie selten in Blöcken von 4–8 Stunden arbeiten können. In Blöcken werden Aufgaben konzentriert verarbeitet. Die meisten Führungskräfte sind in den Kernarbeitszeiten von 9.00–12.00 und 14.00–17.00 Uhr mit Besprechungen, Telefonaten, Mitarbeiterführung etc. verplant. Wer sich so verzettelt, fühlt sich am Abend und am Wochenende zwar ausgebrannt, arbeitet jedoch wenig effizient, d. h. erledigt die Aufgaben nicht richtig. Ganz abgesehen davon, daß er nicht effektiv arbeitet, d. h. daß er überhaupt das

Richtige tut. Der Blick für Wesentliches verschleiert sich im selbstauferlegten Kleinkrieg. Die Qualität verschlechtert sich, und der Druck, Dinge abzuarbeiten, wird von außen immer größer. Man kann dann seine Tages- bzw. Wochenplanung nicht mehr selbst bestimmen, sondern wird zunehmend fremdbestimmt.

7.2 Wie arbeiten Sie effizient und effektiv?

Sie fühlen sich am Abend ausgelaugt, am Wochenende müde bis mürrisch. Sie entfalten wenig Kraft für Ihre Familie oder für Ihren Partner. Ihr Schreibtisch ist dauernd überfüllt, und Sie sehen vor allem nicht den Zeitpunkt, an dem die Masse an Aufgaben und Terminen weniger wird.

Denken Sie einmal zurück, was Sie konkret in den letzten 4 Wochen, im letzten Jahr etc. geschafft und verändert haben. Welche konkreten Ergebnisse haben Sie erzielt? Wollten Sie zu viele Dinge gleichzeitig und alles auf einmal erledigen?

JA !!!

Wenn dem so ist, machen Sie zu viele Dinge zu wenig gut. Beantworten Sie jetzt für sich folgende Fragen:

- Wo stehe ich bei meinen Aufgaben?/Wie verbringe ich tagtäglich meine Zeit?
- Was macht mir Spaß und was macht mir Frust bei meinem Job? Erstellen Sie eine Lust-Frust-Bilanz für sich selber!
- Was habe ich im letzten Jahr erreicht und abgeschlossen?
- Was habe ich noch nicht erreicht im letzten Jahr? Erstellen Sie eine Leistungsbilanz.

Arbeitsprotokoll

Datum: ____________ **Ziele:** ________________________

08.00	**5**	**10**	**15**	**20**	**25**	**30**	**35**	**40**	**45**	**50**	**55**
09.00	**5**	**10**	**15**	**20**	**25**	**30**	**35**	**40**	**45**	**50**	**55**
10.00	**5**	**10**	**15**	**20**	**25**	**30**	**35**	**40**	**45**	**50**	**55**
11.00	**5**	**10**	**15**	**20**	**25**	**30**	**35**	**40**	**45**	**50**	**55**
12.00	**5**	**10**	**15**	**20**	**25**	**30**	**35**	**40**	**45**	**50**	**55**
13.00	**5**	**10**	**15**	**20**	**25**	**30**	**35**	**40**	**45**	**50**	**55**
14.00	**5**	**10**	**15**	**20**	**25**	**30**	**35**	**40**	**45**	**50**	**55**
15.00	**5**	**10**	**15**	**20**	**25**	**30**	**35**	**40**	**45**	**50**	**55**
16.00	**5**	**10**	**15**	**20**	**25**	**30**	**35**	**40**	**45**	**50**	**55**
17.00	**5**	**10**	**15**	**20**	**25**	**30**	**35**	**40**	**45**	**50**	**55**
18.00	**5**	**10**	**15**	**20**	**25**	**30**	**35**	**40**	**45**	**50**	**55**
19.00	**5**	**10**	**15**	**20**	**25**	**30**	**35**	**40**	**45**	**50**	**55**

Notieren Sie:

Besprechungen
Telefonieren
Beziehungs**a**rbeit
Verkaufen
Chef, **K**unden, **M**itarbeiter
Unterbrechung (= Störung)
Verwaltungsaufgaben
Pause, **P**laudern, Zeit vergehen lassen

Abb. 45: *Das Arbeitsprotokoll gibt einen Überblick über den Tagesverlauf – wo bleibt eigentlich die Zeit?*

Beschreiben Sie für sich einmal einen „typischen" Tag. Nutzen Sie dazu das folgende Arbeitsprotokoll. Sie notieren sich in Zeiteinheiten, wie Sie diesen Tag verbrachten.

Alle Aktivitäten, die sich am Tag wiederholen, zählen Sie zusammen, so daß Sie über einen gesamten Tag die von Ihnen aufgewendete Zeit pro Aktivität sehen.

Das Arbeitsprotokoll

Mit dem Arbeitsprotokoll (Seite 118) erhalten Sie einen Überblick, wo eigentlich Ihre Zeit bleibt. Das Protokoll gibt ein Bild davon, was Sie an welchem Tag wann und möglicherweise wo gemacht haben. Mittels eines Arbeitsprotokolls können Sie im nachhinein feststellen, ob und wo Sie Ihre Prioritäten hatten. Sie können dann auch überprüfen, ob diese Prioritäten mit Ihren eigenen Absichten und Zielen übereinstimmen.

Schreiben Sie an 2 festgelegten Tagen einmal auf, was Sie alles machen. Wenn Sie dieses Arbeitsprotokoll jedes Jahr nur einmal einsetzen, erhalten Sie sehr schnell Klarheit, ob Sie Ihren Prioritäten folgen oder nicht.

Prioritäten setzen

Sie müssen herausfinden, womit Sie Ihre ganze Zeit verbringen, und für sich klären: Was müßte ich eigentlich tun, was ist mein Auftrag?

- Was sind meine wichtigen Aufgaben, und nehme ich sie wahr?
- Was sind meine Ziele: Sind diese Ziele definiert?

Treffen Sie eine Zielvereinbarung mit sich selbst!

Voraussetzung dafür, sich auf die wichtigen Dinge konzentrieren zu können und sich nicht durch Erledigung vieler unwichtiger Aufgaben zu verzetteln, ist, daß Sie Ihre Ziele kennen.

Konzentration auf das Wesentliche heißt, Sie machen die Aufgaben, die zu Ihrer Zielerreichung beitragen.

- Setzen Sie Prioritäten für Ihre Aufgaben!

In Ihrem Arbeitsprotokoll haben Sie alle Aufgaben eines Tages notiert. Sie ergänzen dieses Arbeitsprotokoll um wochenspezifische, monatsspezifische, jahresspezifische Aufgaben. Alle Ihre Aufgaben versehen Sie mit einem Wert, der die Wichtigkeit dieser Aufgabe wiedergibt. Es genügt, wenn Sie Ihre Aufgaben in A, B und C einteilen.

- A-Aufgaben: sind die wichtigsten, bei deren Tun erreichen Sie am meisten Erfolg.
- B-Aufgaben: sind Aufgaben, die gemacht werden müssen, jedoch nur die zweithöchste Priorität erhalten.
- C-Aufgaben: sind in der Regel Routinetätigkeiten. Diese müssen erledigt werden, Sie sollten sich jedoch einen engen Zeitrahmen für diese Aufgaben stecken.

Es gilt folgender Zusammenhang:

A-Aufgaben:	Brauchen ca. 15% Ihrer Zeit, und Sie erreichen damit ca. 65% Ihrer Ergebnisse.
B-Aufgaben:	Brauchen ca. 20% Ihrer Zeit, und Sie erreichen damit ca. 20% Ihrer Ergebnisse.
C-Aufgaben:	Brauchen ca. 65% Ihrer Zeit, und Sie erreichen damit ca. 15% Ihrer Ergebnisse.

Viele verbringen Ihre meiste Zeit mit C-Aufgaben (d. h. C-Priorität) und kommen deshalb nie auf 100 % Leistung. Nur wer optimal seine Zeit mit A, B und C verbringt, hat auch ein 100 %iges Ergebnis.

Es ist nicht nur wichtig, die Dinge richtig zu tun, sondern die richtigen Dinge.

Das kritische an dieser Tatsache ist, daß Sie als Führungskraft bei den C-Aufgaben „hängen bleiben" und bis 100 % Ihrer Zeit mit der Erledigung von C-Aufgaben verbringen und damit maximal 20 % an Ergebnissen erreichen.

Stellen Sie sicher,

- daß Sie Ihre Zeitplanung machen,
- daß Ihre Zeitplanung nicht von anderen gemacht wird,
- daß Sie für Routinetätigkeiten max. 20 % Ihrer Zeit aufbringen und A-Aufgaben, das heißt wichtige Aufgaben (strategische Aufgaben), selber lösen.

Im nächsten Abschnitt stellen wir Ihnen ein Hilfsmittel vor, das Sie bei der Prioritätensetzung unterstützt.

Prioritätensetzung

• Leistung / Wirkung / Gewinn ...

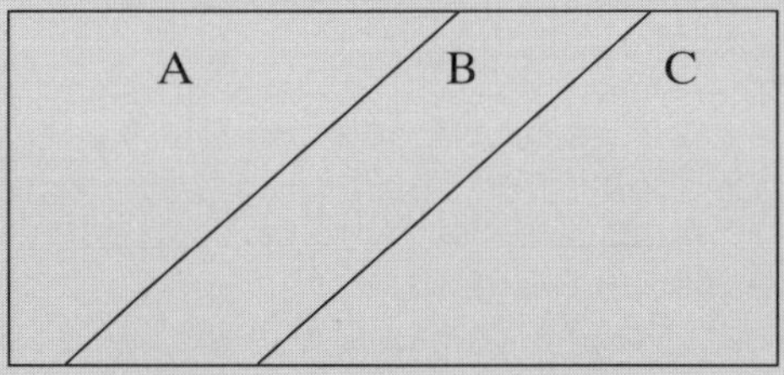

Aufwand / Ziele / Mitarbeiter / Kunden / Produkte

Prioritäten

15% der Aufgaben = A-Aufgaben = 65% der eigenen Zeit

20% der Aufgaben = B-Aufgaben = 20% der eigenen Zeit

65% der Aufgaben = C-Aufgaben = 15% der eigenen Zeit

Fünf Schritte einer systematischen Zeitplanung: ALPEN-Methode

Ein realistischer Tagesplan sollte grundsätzlich nur das enthalten, was Sie an diesem Tag erledigen wollen bzw. müssen – und auch können! Denn je mehr Sie die gesetzten Ziele für erreichbar halten, um so mehr mobilisieren Sie auch Ihre Kräfte, diese zu erreichen.

Nur wer sich selber organisiert, kann andere organisieren.

Die nachfolgende Methode ist einfach und erfordert nach einiger Übung nicht mehr als durchschnittlich 5–10 Minuten tägliche Planungszeit. Sie ist auch leicht zu behalten, da sie mnemotechnisch angelegt ist:

- Auch wenn Sie in „Bergen von Arbeit" zu ersticken scheinen, resignieren Sie nicht, sondern gehen Sie nach der **ALPEN**-Methode vor:

Die ALPEN-Methode basiert auf einem Fünf-Stufen-System. Die fünf Stufen umfassen im einzelnen:

1. Aktivitäten auflisten:
   Aufgaben – Termine – Tagesarbeiten – Unerledigtes
2. Länge der Tätigkeiten schätzen
3. Pufferzeit für Unvorhergesehenes reservieren (60 : 40-Regel)
4. Entscheidung über Prioritäten, Kürzungen und Delegation treffen
5. Nachkontrolle – Unerledigtes übertragen (Zeitplanbuch)

„ALPEN" setzen Sie beim Erfassen einer neuen Aufgabe ein. Die neue Aufgabe wird also erst dann in eine Tagesplanung eingeschrieben, wenn Sie auch mit ALPEN beurteilt wurde.

Wer vorankommen will, muß loslassen können.

Die Tagesplanung

Die Tagesplanung ist der tägliche Mosaikstein zum großen Lebenserfolg. Mit einer Tagesplanung stellen Sie sicher, daß Sie die wichtigsten Ziele erreichen.

Die ALPEN-Methode sichert eine übersichtliche Einteilung.

- Sammeln Sie zuerst alle Aufgaben mit den benötigten Zeiten.
- Ordnen Sie den Aufgaben Prioritäten zu.
- Entscheiden Sie, ob diese Aufgaben von anderen erledigt werden könnten.
- Planen Sie den Tag mittels des vorliegenden Tagesplans.

Fallstudie: Wie sieht ein sinnvoller und realistischer Tagesplan für Herrn Peter aus?

Um 18.45 erreicht Herr Peter erschöpft seine Wohnung. Während er noch mit Unzufriedenheit über seinen mehr oder weniger spontan organisierten, ungeplanten Arbeitstag nachdenkt, fallen ihm auch schon all die Dinge ein, die am nächsten Tag erledigt werden müssen:

Um 15.00 Uhr hat er einen Termin bei seinem Chef Maier, der wohl – wie gewöhnlich – eine Stunde dauern wird. Von 11.00 bis 12.30 Uhr wollte er unbedingt zu der wöchentlichen Planungskonferenz „Kostencontrolling" gehen, an der sowohl Sachbearbeiter als auch Abteilungsleiter teilnehmen. Zwischendurch muß er noch Herrn Dr. Darm wegen seines Magenleidens anrufen. Er wollte ihm dann den Laborbefund durchgeben.

Für 10.00 Uhr hat er eine Besprechung mit seinen Verkaufsleitern vorgesehen, die ein bis zwei Stunden dauern wird. Neben den täglichen Problemen wird hier immer auch über Belangloses und „dies und das" gesprochen. Wegen der sozialen Funktion, die diese Zusammenkünfte für seine Verkaufsleiter erfüllen, möchte Herr Peter jedoch auf diese wöchentliche Gesprächsrunde nicht verzichten.

Fast hätte er vergessen, daß er noch seine Freundin Anni anrufen wollte, um sich mit ihr zum Tennis zu verabreden. Vielleicht schafft er es heute einmal, rechtzeitig Feierabend zu machen. Bisher mußten die meisten Verabredungen ins Wasser fallen.

Sollte ihm noch Zeit bleiben (etwa eine halbe Stunde), würde er gern einmal endlich die letzten Hefte des Außendienstes aufarbeiten, die sich schon seit Monaten auf seinem Schreibtisch stapeln. Die wohl wichtigste Aufgabe des Tages dürfte die Ausarbeitung eines Versicherungsangebotes über Fernkopierer für die Firma WMB sein, das noch am gleichen Tag unbedingt rausgehen muß. WMB zählt zu den wichtigsten Kunden des Hauses.

Alles in allem wird Herr Peter für diese schwierige Aufgabe wohl 1,5 Stunden benötigen. Auch muß er sich mit dem Personalberater Herrn Dr. Kardi in Verbindung setzen, damit endlich etwas gegen den akuten Personalmangel in seiner Geschäftsstelle in die Wege geleitet wird. Außerdem sollte er Herrn Erhard vom Rechenzentrum an die Kunden-EDV-Liste erinnern. Damit die Liste endlich ausgedruckt werden kann, muß er ihm dazu kurz noch einige Details sowie Formatierungs- und Sortierungswünsche erklären.

Auf dem Stapel der unerledigten Dinge liegt noch der Bericht über die Kundengruppe BJU-Mitglieder, der schon vor drei Tagen ausgewertet werden sollte. Herr Peter würde dafür etwa eine Stunde benötigen. Herr Vetter, Verkaufsleiter in seiner Geschäftsstelle, hatte seinerzeit an dem Projekt „BJU-Mitglieder" mitgearbeitet.

Seit Wochen telefoniert Herr Peter Herrn Auer von der Marketing & Management Consultants GmbH hinterher, der ihm wertvolle Informationen über die WBM AG versprochen hat. Herr Auer ist jedoch nie erreichbar, immer unterwegs und ruft nie zurück. Herr Leser von der HVW hatte schon vor Tagen um einen Rückruf gebeten. Herr Peter kann ihn nicht noch einen Tag länger warten lassen.

Der Assistent des Vertriebsvorstandes hatte eine Aktennotiz und Anfrage zum Thema „Routineüberprüfung der Textverarbeitung" geschickt, die sich durch eine kurze Stellungnahme beantworten läßt. Herr Dr. Ries, Geschäftsstellenleiter im Norden und Kollege aus einem Seminar, ist heute mit seinem Chef da und möchte Herrn Peter zu einem kleinen Erfahrungsaustausch aufsuchen. Er ist den ganzen Tag im Hause und kann zwischendurch kurzfristig zu ihm ins Büro kommen. Frühere Besuche von Herrn Dr. Ries haben nie länger als eine halbe Stunde gedauert.

Herr Peter ist jedoch mit einer Kollegin, Frau Klemm, zum Mittagessen verabredet, die mit ihm über ihre Eheprobleme sprechen möchte. Frau Klemm scheint im Moment ganz schön fertig zu sein und wäre in ihrer momentanen Situation persönlich beleidigt, wenn Herr Peter die Verabredung wieder absagen würde. Andererseits möchte er auch mit Herrn Dr. Ries sprechen, da der bisherige Erfahrungsaustausch immer sehr gewinnbringend war und die Zusammenarbeit mit dem Norden spürbar erleichtert hat. Er hatte zuletzt vor sieben Monaten mit Herrn Dr. Ries gesprochen. Inzwischen soll es dort bezüglich Führungsinstrumenten einige entscheidende Neuerungen gegeben haben.

Die monatlich zu erstellende Statistik für die Kundenbesuche, aufgeschlüsselt nach Gebieten, ist wieder einmal fällig. Herr Peter braucht dazu immer eine halbe bis eine ganze Stunde. Seine Sekretärin, die im Mai ihr 10jähriges Firmen- und 3jähriges Abteilungsjubiläum feiert, kennt mittlerweile die Verkaufsgebiete in- und auswendig.

Herr Peter hatte seinem Chef, Herrn Maier, versprochen, bis Ende des Monats einiges an Literatur und Ausarbeitungen für sein Referat „Führungsprobleme – heute und morgen?" vor der IHK Hochrhein zusammenzustellen. Dazu hat er noch fünf Tage Zeit. Bei Herrn Maier würde es sicher sehr positiv ankommen, wenn er ihm bereits zur Nachmittagsbesprechung die ersten Unterlagen vorlegte. Er würde dazu zwischen einer halben und einer ganzen Stunde Zeit benötigen.

Herr Daum, Abteilungsleiter der Finanzabteilung, hat Herrn Peter die in Auftrag gegebene Studie über Versicherungsmarketing zugeschickt. Herr Peter hatte versprochen, sie in den nächsten Tagen einmal zu überarbeiten. Schließlich liegt noch immer der Bericht von seinem Verkaufsleiter Herrn Löffler über seine Aktivitäten im Einzelhandel auf seinem Tisch herum. Herr Peter muß diesen Bericht prüfen, genehmigen und an die nächste Stelle weiterleiten. Er wird für beide Tätigkeiten insgesamt ungefähr eine halbe Stunde benötigen. Wenn es irgend geht, möchte er die Akten gern vom Schreibtisch haben.
Bei dem Gedanken an den nächsten Arbeitstag graut es Herrn Peter vor den vielen Dingen, die er wieder bewältigen muß. Er befürchtet, wieder nicht alles schaffen zu können und in Hektik und Streß zu geraten.

Nachdem Sie Ihre Tagesplanung erstellt haben und Ihre Prioritäten gesetzt sind, müssen Sie noch ein paar grundsätzliche Dinge klären. Die Tagesplanung zu erstellen ist eine Sache. Die zweite, ebenso wichtige Aufgabe ist, die Tagesplanung einzuhalten. Deshalb ist es wichtig, daß Sie sich für alle Fälle vorbereiten:

Wie gehen Sie mit „Störern“ um?

- Sie sorgen dafür, daß Ihre Sekretärin nur absolut dringende Anrufe durchstellt.
- Sie sind für gewisse Blockzeiten telefonisch erreichbar, zu gewissen Zeiten, z. B. 12.00–14.00 Uhr, haben Sie telefonische Auszeiten.
- Anrufe, die Sie nicht selbst entgegennehmen, werden auf einer „Anruferliste“ notiert und in Ihre Tagesplanung eingearbeitet.
- Diese Anruferliste hilft Ihnen auch, Ihre „Zettelwirtschaft“ abzubauen und alle Anrufe systematisch zu erfassen. Damit können Sie sicherstellen, daß kein Anruf (Zettel) verloren geht.
- Grundsätzlich keine Störungen in Besprechungen.
- Während einer Besprechung werden keine Anrufe von Ihnen entgegengenommen. Alle eingehenden Anrufe werden auf der Anruferliste eingetragen.
- „Zwischenbesuche“ sind während einer Besprechung nicht möglich: Alle „Zwischenbesuche“ werden auf der Anruferliste vermerkt.

Aufgaben, die Ihnen irgendwann einfallen, halten Sie auf Ihrer Aktivitätenliste fest. Jeder kennt diese Situation: Während Sie unter der Dusche stehen, Sie gerade in einer Besprechung sind, Sie eine wichtige Aufgabe bearbeiten etc., fällt Ihnen eine sehr wichtige und/oder dringende Aufgabe ein, deren termingerechte Erledigung Sie keinesfalls verpassen dürfen. Nun gibt es zwei Möglichkeiten, mit solch einer Situation umzugehen:

1. Sie lassen sofort alles stehen und liegen und bearbeiten die Aufgabe, die Ihnen gerade eingefallen ist. Wie es bei dieser Geschichte weitergeht, können Sie sich sicher gut bildhaft vorstellen: „Der von Aufgabe zu Aufgabe hüpfende Manager.“

2. Sie notieren sich die Aufgabe, die Ihnen gerade eingefallen ist, auf einer Aktivitätenliste und machen die Arbeit, an der Sie gerade dran waren, weiter bzw. fertig.

- Die Aktivitätenliste wird bei jeder Tagesplanung berücksichtigt und somit systematisch abgearbeitet.

7.3 Ein Beispiel für effektives und effizientes Arbeiten

Gerd Ball ist fest entschlossen, seine Situation zu verbessern. Damit er seine Aufgaben/Projekte besser in den Griff bekommt, reserviert er sich einen Tag, um alle seine Aufgaben zu ordnen.

① Er schreibt zunächst alle seine Aufgaben auf:

Aufgabe	Aufwand	Priorität	Status
• Personalrekrutierung • zwei Projektleiter • drei Softwareentwickler			
• Projekt-Kick-off für das Controlling-Projekt vorbereiten			
• Detaillierten Projektplan für das Kreditprojekt ausarbeiten			
• Projektreporting mit Frau Much (Projektleiterin) besprechen			
• an Projektsitzung vom Projekt Infrastruktur teilnehmen			
• Projektmeeting mit Projektführungsteam des Projektes „Personalinformationssystem" vorbereiten			
• Meeting mit Projektsteuerungsausschuß vorbereiten			
• Projektinfrastruktur für die nachträglich bewilligten Projekte budgetieren			
• Übergangslösung zu Projektinfrastruktur für die nachträglich bewilligten Projekte überlegen und umsetzten			
• Projektüberwachungs-Hilfsmittel schaffen			
• Zielvereinbarung mit Projektleitern machen			
• Zielvereinbarung mit meinem Chef machen			
• Englischkenntnisse verbessern			
• Fallbeispiele für Projektleiterkurs ausarbeiten			

Abb. 46: *Die Auflistung aller Aufgaben verschafft einen Überblick.*

② Anschließend schätzt er den Aufwand für die einzelnen Aufgaben:

Aufgabe	**Aufwand**	**Priorität**	**Status**
• Personalrekrutierung • zwei Projektleiter • drei Softwareentwickler			
• Projekt-Kick-off für das Controlling-Projekt vorbereiten	1,5 PT		
• Detaillierten Projektplan für das Kreditprojekt ausarbeiten	2 PT		
• Projektreporting mit Frau Much (Projektleiterin) besprechen	0,5 PT		
• an Projektsitzung vom Projekt Infrastruktur teilnehmen	0,3 PT		
• Projektmeeting mit Projektführungsteam des Projektes „Personalinformationssystem“ vorbereiten	0,5 PT		
• Meeting mit Projektsteuerungsausschuß vorbereiten	0,5 PT		
• Projektinfrastruktur für die nachträglich bewilligten Projekte budgetieren	0,5 PT		
• Übergangslösung zu Projektinfrastruktur für die nachträglich bewilligten Projekte überlegen und umsetzten	2 PT		
• Projektüberwachungs-Hilfsmittel schaffen	3 PT		
• Zielvereinbarung mit Projektleitern machen	3 PT		
• Zielvereinbarung mit meinem Chef machen	0,5 PT		
• Englischkenntnisse verbessern	5 PT		
• Fallbeispiele für Projektleiterkurs ausarbeiten	3 PT		
• individuelle Gespräche mit Projektmitarbeitern	5 PT		
• Unvorhergesehenes	5 PT		
• **Total**	**52,3 PT**		

Abb. 47: *Die Beurteilung des Aufwandes für alle Aufgaben verschafft einen zeitlichen Überblick.*

③ Sein Ergebnis nach der Priorisierung sieht folgendermaßen aus:

Aufgabe	**Aufwand**	**Priorität**	**Status**
• Personalrekrutierung • zwei Projektleiter • drei Softwareentwickler	20 PT	A	
• Projekt-Kick-off für das Controlling-Projekt vorbereiten	1,5 PT	A	
• Detaillierten Projektplan für das Kreditprojekt ausarbeiten	2 PT	B	
• Projektreporting mit Frau Much (Projektleiterin) besprechen	0,5 PT	C	
• an Projektsitzung vom Projekt Infrastruktur teilnehmen	0,3 PT	C	
• Projektmeeting mit Projektführungsteam des Projektes „Personalinformationssystem" vorbereiten	0,5 PT	A	
• Meeting mit Projektsteuerungsausschuß vorbereiten	0,5 PT	A	
• Projektinfrastruktur für die nachträglich bewilligten Projekte budgetieren	0,5 PT	A	
• Übergangslösung zu Projektinfrastruktur für die nachträglich bewilligten Projekte überlegen und umsetzten	2 PT	B	
• Projektüberwachungs-Hilfsmittel schaffen	3 PT	B	
• Zielvereinbarung mit Projektleitern machen	3 PT	B	
• Zielvereinbarung mit meinem Chef machen	0,5 PT	B	
• Englischkenntnisse verbessern	5 PT	B	
• Fallbeispiele für Projektleiterkurs ausarbeiten	3 PT	C	
• individuelle Gespräche mit Projektmitarbeitern	5 PT	C	
• Unvorhergesehenes	5 PT		
• **Total**	**52,3 PT**		

Abb. 48: *Die Beurteilung der Aufgaben hinsichtlich der Priorität formuliert in etwa den Handlungsplan.*

Das Ergebnis der Aufwandsbeurteilung (siehe Abbildung 47) gibt ihm sehr zu denken, denn er hat für alle diese Aufgaben höchstens 2 Monate Zeit. Ihm wird klar, daß er sich etwas einfallen lassen muß, um sein Zeitproblem zu lösen. Ansonsten wird er nicht nur sehr viel Streß haben, sondern auch wenig Qualität produzieren. Er kommt zu dem Schluß, daß er Prioritäten setzen muß. Dabei fragt er sich, welche der Aufgaben er selbst lösen muß und welche Aufgaben er delegieren kann – und an wen er sie delegieren kann.

Gerd Ball erstellt nach der Priorisierung seinen Tages-, Wochen- und Monatsplan. Sein Ziel ist, alle A-Aufgaben innerhalb der nächsten zwei Monate zu bearbeiten Die B-Aufgaben wird er soweit wie möglich an seine Projektleiter und Projektmitarbeiter delegieren oder zeitlich aufschieben. Die C-Aufgaben verteilt er auf die beiden Monate. Sein Terminkalender ist nun zwar immer noch eng. Er wird seine Ziele jedoch erreichen, wenn er sich konsequent an seine Planung hält.

Fazit

Damit Sie erfolgreich werden, müssen Sie effizient und effektiv arbeiten. Das heißt zum einen die Dinge richtig tun und zum anderen die richtigen Dinge tun. Nur wer sich selber organisieren kann, kann und sollte andere organisieren/führen. Dafür ist es notwendig, daß Sie Ihre Prioritäten richtig setzten und Ihre tägliche Arbeit an diesen Prioritäten ausrichten. Sie erstellen eine Tages- und mindestens eine Monatsplanung und achten darauf, daß Sie nicht zu viele Dinge zu wenig gut machen.

Mein Chef und ich sind füreinander berechenbar

8

Die meisten Führungskräfte haben selber auch einen Vorgesetzten. Sie erleben Führung somit in verschiedenen Rollen, zum einen als Führender (Vorgesetzter) und zum anderen als Geführter (Mitarbeiter). Dieses Kapitel soll Ihnen in der Rolle als Mitarbeiter helfen, mit Ihrem Vorgesetzten möglichst gut zusammenzuarbeiten.

Herr, gib mir die Gelassenheit,
die Dinge hinzunehmen,
die ich nicht ändern kann.
Verleihe mir den Mut,
die Dinge zu ändern,
die ich ändern kann.
Und schenke mir die Weisheit,
das eine vom anderen zu
unterscheiden.

Diese Führungsaufgabe ist eine der einfachsten oder auch eine der schwierigsten. Denn wie einfach bzw. schwierig diese Aufgabe für Sie ist, hängt davon ab, wie gut Sie und Ihr Vorgesetzter zueinander passen, ob Sie sich sympathisch oder unsympathisch sind, wie gut die Chemie zwischen Ihnen beiden stimmt.

Am Ende eines Jahres steht die Frage im Raum: Hat mein Mitarbeiter die richtigen Dinge gemacht und hat er sie richtig gemacht? Diese Frage stellt sich auch Ihr Chef bezüglich seiner Mitarbeiter. Es ist deshalb wichtig, daß Sie mit Ihrem Chef Ihre langfristige und mittelfristige Planung abstimmen. Wenn Sie das nicht tun, werden Sie Spielball von Zufall und fremden Interessen. Sie fallen dann nicht durch besondere Leistung auf. Die Konsequenzen in Zeiten von Lean-Management wollen wir hier nicht konkreter ausmalen. Es ist deshalb wichtig, daß Sie auf mittel- und langfristige Anforderungen vorbereitet sind.

Von einer Führungskraft wird auch erwartet, daß sie das Tagesgeschäft effizient bearbeitet. Wenn Ihr Chef Sie immer wieder mit Spezialaufträgen kurzfristig überrascht, dann wird es schwierig, diese Zusatzaufträge neben dem operativen Geschäft gut zu erledigen.

Der Informationsaustausch ist für eine gute Zusammenarbeit zwischen Ihnen und Ihren Mitarbeitern sehr wichtig. Das gleiche gilt natürlich für die Zusammenarbeit zwischen Ihnen und Ihrem Chef. Wenn Sie informiert sind, können Sie Auswirkungen auf Ihren Bereich und Entwicklungstendenzen abschätzen.

Sie müssen für sich klären, ob Sie Ihren Chef stärken wollen. Wenn ja, dann überlegen Sie sich, wie Sie das tun können. Wenn nein, dann sollten Sie mittelfristig daran arbeiten, mit einem anderen Vorgesetzten zu arbeiten, und sich einen neuen Wirkungskreis suchen.

8.1 Warum ist es wichtig, daß Sie mit Ihrem Chef Abmachungen treffen?

Beispiel

Anna Sonne erhält einen neuen Chef, weil Ihr Unternehmen mit einem anderen Unternehmen der gleichen Branche fusionierte.
Anna Sonne hatte bisher eine persönliche Besprechung mit Ihrem neuen Vorgesetzen und mehrere Meetings mit ihm zusammen mit Ihren Kollegen. Für Anna Sonne ist die Zusammenarbeit mit Ihrem Vorgesetzten zu wenig konkret. Sie kennt seine Ziele nicht. Sie fühlt sich unsicher, ob sie die richtigen Schwerpunkte in Ihrem Team setzt.

Wenn Sie mit Ihrem Vorgesetzten keine klaren Abmachungen treffen können, dürfte Ihr Hauptproblem sein, daß Sie seine Prioritäten nicht kennen. Ist dies der Fall, wird die Zusammenarbeit zwischen Ihnen und Ihrem Vorgesetzten unberechenbar. Für Sie wird es dann sehr schwierig, eine Zeitplanung zu machen. Denn meistens haben die Anfragen vom Chef absoluten Vorrang. Das heißt, immer dann, wenn es am unpassendsten ist, kommen absolut wichtige und dringende Aufgaben auf Sie zu. Diese Aufgaben fordern beste Qualität in ihrer Bearbeitung. Nur ist das für Sie in dieser Situation schlichtweg nicht machbar.

Ein Ausweg wäre, daß Sie sich Informationen auf Umwegen besorgen, zum Beispiel von Kollegen oder von direkten Mitarbeitern Ihres Chefs, damit Sie einigermaßen orientiert sind über Dinge, die Sie betreffen. Das bedeutet jedoch sicherlich einen Mehraufwand für Sie. Außerdem wird dabei Ihr Verhältnis zu Ihrem Chef nach außen transparent.

8.2 Wie treffen Sie mit Ihrem Chef Abmachungen?

Welche Werte bilden die Basis für die Zusammenarbeit?

Nimm die Dinge so, wie sie kommen. Sorge aber dafür, daß die Dinge so kommen, wie Du sie haben willst.

Die Zusammenarbeit und das Miteinander zwischen Menschen werden durch Werte wie Offenheit/Heimlichkeit, Ehrlichkeit/Unehrlichkeit, Vertrauen/Mißtrauen etc. geprägt. Wenn eine Beziehung offen und ehrlich geführt wird und auf Vertrauen basiert, können große Aufgaben gemeistert werden. Beziehungen, in denen wenig Information ausgetauscht wird, in denen keine aufrichtige Kommunikation und kein oder wenig Vertrauen herrschen, sind anstrengend. Folglich werden nicht nur wenig Ergebnisse erarbeitet, es wird auch viel zerredet und verhindert. Jeder muß deshalb für sich klären, welche Werte er in der Zusammenarbeit und im Zusammenleben setzen will.

Diese Werte bestimmen dann konkrete Verhaltensweisen. Wenn Sie z. B. offen und ehrlich mit Ihrem Chef arbeiten wollen, bedeutet dies immer, die Dinge so darzustellen, wie sie tatsächlich sind, anstatt zu verharmlosen oder „schön Wetter zu malen". Wenn ein Projekt Verzug hat, dann teilen Sie Ihrem Chef sachlich und korrekt mit, wieviel Tage oder Wochen das Projekt im Verzug ist. Offenheit auf der Verhaltensebene bedeutet z. B., daß ich meine Ziele transparent aufzeige und evtl. sogar schriftlich an die betroffenen Personen verteile.

Die mittelfristige und langfristige Planung

So wie Sie mit Ihren Mitarbeitern Zielvereinbarungen abmachen, können Sie dies auch mit Ihrem Chef tun. Sie arbeiten eine Zielvereinbarung aus, die auf der einen Seite Ihre Aspekte, Ziele und Bedürfnisse beinhaltet. Auf der anderen Seite denken Sie sich in die Rolle Ihres Chefs hinein und formulieren die Ziele und Bedürfnisse aus seiner Sicht.

Diese Zielvereinbarung hat Entwurfscharakter; sie muß nun noch zwischen Ihnen und Ihrem Vorgesetzten abgestimmt werden.

Das schwierigste in diesem Prozeß ist, genügend Zeit mit Ihrem Chef zu haben, um die Zielvereinbarungen zu diskutieren. Damit Ihr Chef sich die Zeit dafür nimmt, überlegen Sie sich, welchen Nutzen er davon hat, wenn er diese Zeit investiert.

Für das Gespräch mit Ihrem Chef müssen Sie sich genau vorbereiten. Sie überlegen sich:

- Was sind Ihre Mußziele, Wunschziele?
- Was sind die Mußziele, Wunschziele Ihres Chefs?
- Wieviel Zeit brauchen Sie für die einzelnen Punkte?

Das Ziel dieses Gesprächs ist: Klare Abmachungen zwischen Ihnen und Ihrem Vorgesetzten sind dokumentiert und vereinbart.

Die kurzfristige Planung

Die Zielvereinbarung beschreibt die Ziele, die Sie innerhalb eines Jahres erreichen wollen. Die kurzfristige Aufgabenplanung hilft Ihnen, die Jahresziele in konkrete Tätigkeiten aufzuteilen. In dieser Aufgabenplanung kennen Sie alle Tätigkeiten, die innerhalb einer Zeitspanne erledigt werden. Routinetätigkeiten werden in der Aufgabenplanung nur zeitlich berücksichtigt.

- Ein Beispiel: Für Ihre Postbearbeitung berücksichtigen Sie pro Tag eine Stunde. Oder für Ihre regelmäßige Abteilungsbesprechung reservieren Sie zwei Stunden.
- Eine alternative Methode wäre, daß Sie von Ihrer Gesamtkapazität den Anteil für wiederkehrende Aufgaben abziehen und die Aufgabenplanung nur noch für die restliche Kapazität erstellen. Denken Sie hierbei daran, daß Sie für Routinetätigkeiten so wenig Zeit wie möglich verwenden.

Für die einzelnen Aufgaben setzen Sie Prioritäten, das heißt, Sie teilen die Aufgaben in A-, B- und C-Aufgaben ein. Ihr Ziel muß es sein, alle A-Aufgaben erledigen zu können. Damit Ihre Tagesplanung nicht immer wieder komplett durcheinander gerät, reservieren Sie Zeit für Unvorhergesehenes.

Diese Prioritätenliste stimmen Sie dann mit Ihrem Vorgesetzten ab.

Auch wenn Ihr Vorgesetzter die Zeit nicht aufbringt, mit Ihnen Ihre kurzfristige Planung abzustimmen, sollte er zumindest die Inhalte der Prioritätenliste kennen. Prinzipiell können Sie jedoch nur mittel- und langfristig daran arbeiten, daß Ihr Vorgesetzter für Sie berechenbar wird.

Die Informationsbeschaffung

Eine wichtige Voraussetzung für eine gute Situationseinschätzung ist, daß Sie umfassend informiert sind. Das bedeutet vor allem, daß Sie über strategische, zukünftige Entscheide Bescheid wissen. Sie müssen über Informationen aus dem Umfeld verfügen, damit Sie das komplexe System bzw. das gesamte Netzwerk verstehen können. Das bedeutet, Sie kümmern sich selbst um Ihre Informationsquellen.

Ihre Informationsquellen können sein:

- verschiedene Personen
- Protokolle aus Workshops und Besprechungen
- strategische Pläne
- etc.

Sie klären für Ihre Aufgabe bzw. Funktion mit sich selber ab:

- Welche Informationen brauche ich?
- Wo bzw. bei wem kann ich diese Informationen erhalten?
- In welcher Form brauche ich diese Informationen?

8.3 Ein Beispiel, wie Sie mit Ihrem Chef Abmachungen treffen

Anna Sonne registrierte ihre Unzufriedenheit und hat sich entschlossen, die Zusammenarbeit mit ihrem neuen Chef zu verbessern. Sie überlegte sich: „Wie kann ich seine Position/Funktion stärken?" Dabei kam sie auf folgende Nutzenargumentation:

- Ich kenne das Unternehmen, das für ihn neu ist.
- Ich kenne unsere Stärken und Schwächen, unsere Erfolge und Mißerfolge.
- Ich habe Beziehungen zu unseren Kunden und kenne deren Wünsche.
- Ich habe Beziehungen zu externen Partnern, mit denen wir bisher zusammengearbeitet haben.

Im nächsten Schritt erarbeitete sie einen Entwurf der mittel- und langfristigen Planung. Für die fachlichen Ziele holte sie zusätzlich Ideen und Vorschläge ihrer Schlüsselpersonen ein. Sie führte außerdem eine kurze Informationsrecherche in Fachzeitschriften und Online-Datenbanken durch, um für das geplante Gespräch mit ihrem Chef mit ausreichend Dokumentationen ausgerüstet zu sein.

Für die einzelnen Ziele ihrer mittel- und langfristigen Planung setzte sie Termine und vergab Prioritäten.

Für alle laufenden Projekte und Aktivitäten, die über das normale Tagesgeschäft hinausgehen, erstellte sie eine Aktivitätenliste.

Anna Sonne vereinbarte mit ihrem neuen Chef einen Gesprächstermin, an dem sie mit ihm die vorbereiteten Dinge besprechen wollte. Bei ihrer Terminanfrage informierte sie ihn über ihre Tagesordnungspunkte:

Thema	**Wer**	**Wie lange**
• Wie möchte ich mit meinem Vorgesetzten zusammenarbeiten?	AS	
• Information über laufende Projekte, Aktivitäten	AS	
• mittel-/langfristige Planung diskutieren und entscheiden	AS, Chef	
• Informationsaustausch Anna Sonne und Vorgesetzter	AS, Chef	
•		
•		

Den Punkt „Informationsaustausch“ mußte sie noch vorbereiten. Anna Sonne dachte über folgende Fragen nach:

- Welche Informationen von meiner Seite sind für meinen Chef wichtig und nützlich?
- Welche Informationen von meinem Chef sind für mich wichtig und nützlich?

Die Antworten dokumentierte sie in Mind-Maps.

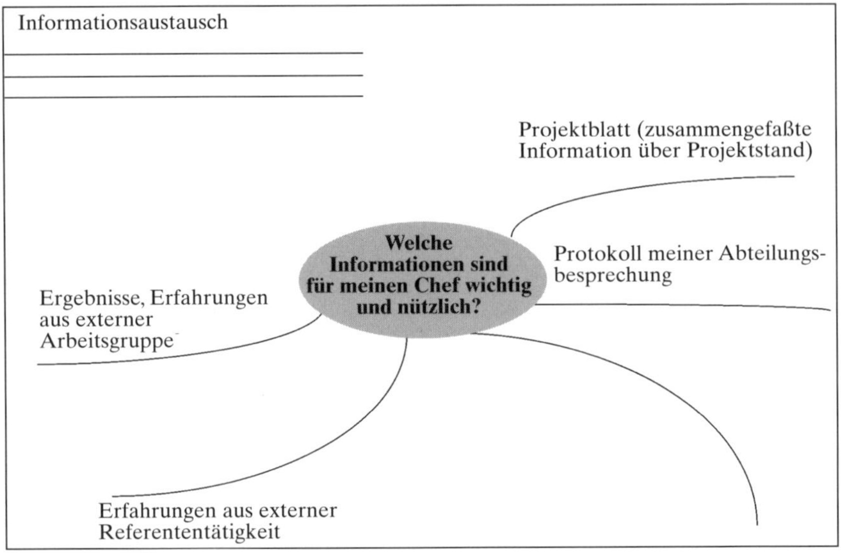

Abb. 49: *Das Mind-Map zeigt, welche Informationen Anna Sonne aus ihrer Sicht an ihren Chef weiterleiten kann.*

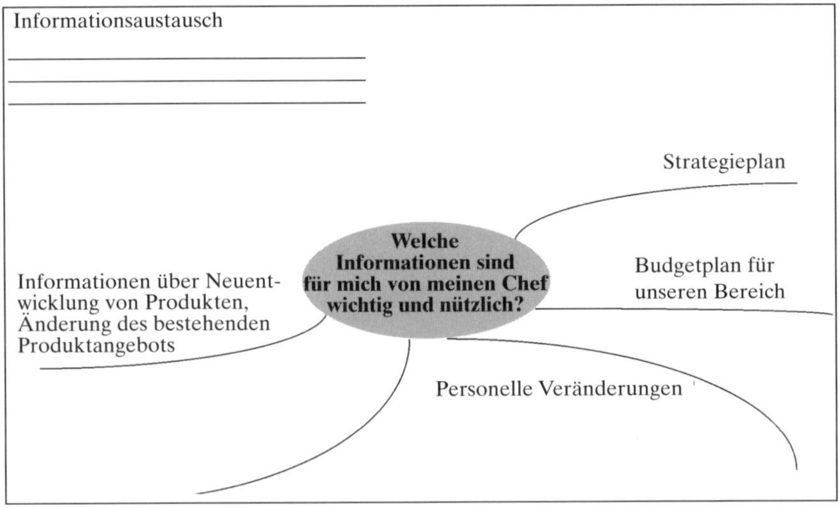

Abb. 50: *Das Mind-Map zeigt, welche Informationen Anna Sonne aus ihrer Sicht von ihrem Chef erhalten möchte.*

Fazit

Die Zusammenarbeit zwischen Ihnen und Ihrem Chef hat sehr große Bedeutung. Wenn diese Zusammenarbeit gut funktioniert, wird es möglich sein, große und risikoreiche Aufgaben zu meistern. Denn die Unterstützung von „oben" stärkt Ihnen den Rücken. Außerdem verleiht ein gutes Verhältnis zwischen Ihnen und Ihrem Chef Ihren Mitarbeitern die nötige Sicherheit. Für sie wird transparent, daß Sie mit Ihrem Chef in die gleiche Richtung arbeiten und dadurch eine gewisse Position erhalten. Die zentrale Frage, die Ihnen hilft, das Verhältnis zu Ihrem Chef zu verbessern, lautet: Welchen Nutzen kann ich ihm mit einer bestimmten Sache oder mit einem bestimmten Verhalten bieten? Dadurch stärken Sie ihn und können im Gegenzug auf seine Unterstützung hoffen.

Transfer

Datum	Aktivität – Was	Bis wann?	Mit wem?	o.k.?

Abb. 51: *Die Transferliste enthält Ihre nächsten Schritte.*

Literaturverzeichnis

Bischof, A., Bischof, K.: Besprechungen – effektiv und effizient, Planegg/München 1997

Bischof, A., Bischof, K.: Selbstmanagement – effektiv und effizient, Planegg/München 1997

Bischof, K.: Aktiv führen – Anweisen, überzeugen, beraten, delegieren, Planegg/München 1995

Bischof, K.: Jeder gewinnt – Die Methoden erfolgreicher Gesprächsführung, 3. Aufl., Planegg/München 1997

Bischof, K.: „Bewerbermappe“ in: „Außendienst Band 1“, ORGA-Handbuch, Gruppe 4/3, Seite 57–68, WRS Verlag, Planegg/München 1995

Covey, St. R.: Die sieben Wege zur Effektivität: Ein Konzept zur Meisterung Ihres beruflichen und privaten Lebens, Wilhelm Heyne Verlag, München 1996

Gordon, T.: Managerkonferenz, München 1989

Hersey, P.: Situatives Führen, Landsberg/Lech 1986

Hersey, P., Blanchard, K. H.: Management of Organizational Behavior, 3rd edition, Eaglewood Cliffs, Nj. J. 1977

Müller, U. R.: Machtwechsel im Management: Drama und Chance, Haufe Verlag, Freiburg 1997

Keller, P., Müller, P.: Personal optimal: der moderne Umgang mit Mitarbeitern, Industrielle Organisation Zürich, Orell Füssli, Zürich 1997

Klenke, K.: Women and Leadership: A Contextual Perspective, Springer Publishing Company, Inc., 1986

Senge, P. et al.: The fifth discipline fieldbook: strategy and tools for building a learning organization, Doubleday, New York 1994

Stichwortverzeichnis